JN283225

日本の「黒幕」200人

別冊宝島編集部　編

宝島
SUGOI
文庫

宝島社

日本の「黒幕」200人＊目次

第一章　10大黒幕

児玉誉士夫　8／笹川良一　11／小佐野賢治　15／田中角栄　19／
正力松太郎　24／田岡一雄　28／中曽根康弘　32／渡邉恒雄　36／池田大作　40／
許　永中　44
「戦前」の大黒幕●「近代史の謎」を演出した男たち　霧に包まれた実像とその「伝説」　48

第二章　闇の光

稲川聖城　54／町井久之　57／安藤　昇　60／万年東一　62／石井　進　64／
宅見　勝　67／梶山　進　70／後藤忠正　72／木島力也　74／小池隆一　76／
芳賀龍臥　78／小川　薫　81／正木龍樹　84／五味　武　86
格闘界の「黒幕」列伝●「力道山」から「石井館長」まで　88

第三章　キングメーカー

岸　信介 98／大野伴睦 101／川島正次郎 104／後藤田正晴 107／野中広務 110／
金丸　信 113／山中貞則 116／竹下　登 119／森　喜朗 122／青木幹雄 125／
村上正邦 128／徳田虎雄 131
「小泉政権」の黒幕たち●大物秘書、実姉から「広報チーム」まで 134

第四章　指南役

矢次一夫 138／四元義隆 141／川内康範 144／安岡正篤 147／中村天風 150／
福本邦雄 153／稲盛和夫 156／船井幸雄 159／池口恵観 162／大川隆法 164
「黒幕女」列伝●権力と男を操った「魔性の女」の系譜 167

第五章　右翼と左翼

三浦義一 174／西山廣喜 177／赤尾　敏 180／野村秋介 183／鈴木邦男 186／
片岡都美 189
「左翼」の黒幕というパラドックス●君臨すれど権力ナシ…… 192

第六章　官僚

日本最強の黒幕●「高級官僚」列伝 198
法を牛耳る男たち●「検察・法務」の支配者・法曹「暗黒史」 207
小田勉●―ムショの帝王 218

第七章　財界

横井英樹 222／五島慶太 225／松永安左エ門 228／堤康次郎 231／永田雅一 234／
瀬川美能留 237／瀬島龍三 240／山段芳春 243／佐川 清 246／糸山英太郎 249／
浅田 満 252／江副浩正 255／武井保雄 258／孫 正義 261
「相場の黒幕」B・N・F氏の生活●相場師伝説…伝説の乗っ取り屋からジェイコム男まで 263

第八章　メディア　芸スポ　大富豪

新聞・テレビ・広告・出版●メディアの中の「黒幕」たち 268
五輪、野球、競馬から芸能界まで●「芸スポ」黒幕列伝 280
長者番付&資産ランキングに見る●「黒幕」の素顔 294

第一章　10大黒幕

▼戦後最大の黒幕

人間と人間の間に生き続け日本の闇を支配した男

児玉誉士夫

右翼　フィクサー

氏　　名　児玉誉士夫（こだまよしお）
生年─没年　1911─1984
肩　　書　右翼、フィクサー
家族・交流　3男：守宏（TBSサービス社長）秘書：太刀川恒夫（東京スポーツ新聞社社長）
略　　歴　福島県の没落士族の家に生まれる。朝鮮にあった京城商業専門学校を卒業後、超国家主義に傾倒、天皇直訴事件を起こし右翼活動家として売り出す。戦時中は上海で児玉機関を運営、海軍嘱託として戦略物資の売買を行う。戦後、中国から引き揚げた資金を自由党の結党資金に提供、政界の黒幕として重きをなしていく。以後、CIAとも結びつき、戦後最大のフィクサーとして政財界の重大事件に関与、裏社会で暗躍した。

太平洋戦争終結後、児玉誉士夫が中国から持ち帰った資金は、現在の価値で3〜4000億円に達するともいわれている。いったんは海軍に返還しようとも思ったらしいが、もともとペテンや略奪で手に入れた宝石や金である。どういうわけか旧海軍やGHQの目を逃れ、児玉に処分が任された。

結局、莫大な資金のほとんどは、鳩山一郎が率いる自由党の結党資金に使われた。戦後の日本の政治状況は、この自由党を核に流れていくことになり、日本の政界における児玉の存在はいやがうえにも大きなものとなっていった。

政界人脈でいえば鳩山一郎、辻嘉六、河野一郎、岸信介といった面々が児玉と気脈を通じ合う仲となり、国家的事件の数々に顔を出すようになったといわれる。「事件のカゲに児玉あり」がいつしか日本の政財界上層部の常識となり、本人の実相以上に恐れられる存在となっていった。

日本社会には、〝根回し〟とか〝地下工作〟という言葉で語られる独特のシステムがある。この部分の仕事は黒幕という特殊な人物にゆだねられるというのが、明治以来の支配者層の図式であった。戦後、社会のあらゆる面で、ＧＨＱによる改革が進められたが、その占領統治から解放されるとともに、政界も経済界もさまざまな局面で、この分野の仕事が増えていった。

日本の闇世界から表の政財界の生き血を吸って、戦後最大の黒幕にのし上がった児玉はこの部分で卓越した才能があったのであろう。

首相を犯罪者たらしめたロッキード事件の主役

前総理田中角栄の逮捕という、前代未聞の衝撃を国民に与えたロッキード事件が発覚したのは、１９７６年だった。これを契機に日本の政治状況は大きく変わった。

何が変わったかといえば、児玉誉士夫という日本の闇世界を支配していた男が消えていったことだ。児玉はこの疑獄事件が表に出るや、それと歩調を合わせるかのように病床に伏し、事件については何も語らず本当の地下（死の世界）に行ってしまった。ロ社の秘密代理人として年間5000万円という多額の顧問料を受け取り、さらに21億円という巨額の工作資金が渡っていることは明らかにされた。しかし、この工作資金がいつ誰に流れたのか、いっさいは闇のままに事件は終結を見た。

ロ事件で児玉は間違いなく一方の主役であった。それなのに、事件の核心については、無言を通したまま逝った。〝工作〟については、絶対に口外しないという黒幕の伝統哲学を最後まで貫いた人生であった。

児玉誉士夫伝説

「児玉水爆」

政界の実力者、河本敏夫がジャパンラインの株を買い占めたとき、防戦に追われたジャパンライン側が「河本原爆には児玉水爆しかない」と児玉を頼った。児玉は野村証券の社長瀬川美能留を動かし、河本の動きを完全に封殺した。

次号は女性問題

岸内閣の時代、国会で疑惑を追及していた野党議員が児玉に呼ばれた。「お近づきに」と時計と冊子が手渡された。そこには、その議員の詳しい資金問題と「次号は女性問題」とあり、野党議員の顔は蒼白に――。

▼「艇王」
「A級戦犯」から不死鳥の返り咲き 日本の「首領」と呼ばれた男
笹川良一
日本船舶振興会　初代会長

氏　　　名　笹川良一（ささかわりょういち）
生年―没年　1899―1995
肩　　　書　衆議院議員、日本船舶振興会初代会長
家族・交流　弟：笹川了平（元大阪日日新聞社長）次男：笹川堯（国会議員）3男：笹川陽平（日本財団理事長）弟の娘婿：糸山英太郎（新日本観光会長）
略　　　歴　大阪府豊川村（現箕面市）に生まれる。村会議員を経た後、右翼団体・国粋大衆党を結成する。一方、株式相場で莫大な財産を築き陸軍に八尾飛行場と飛行機などを献納、軍に知己を得る。単独でイタリアのムッソリーニと会見。戦後はA級戦犯となり、巣鴨刑務所で岸信介らと知り合う。競艇事業の利権を一手に握り、日本船舶振興会を創設し、初代会長に就任する。晩年は福祉事業や宗教活動に尽力する。

児玉誉士夫と同時代を生き、ともに「日本の首領」と呼ばれた超大者フィクサーであるが、笹川良一には陽気な一面があった。ある世代にとっては、自らテレビCMに出て「一日一善」とか「お父さんお母さんを大切にしよう」と唱和していたリッチなおじいさんという印象もあるだろう。

いったい、何のためにと思われるようなことに何千万、何億というカネを使っていたのだ。このやんちゃ爺のやりたい放題の前には下手なイデオロギーや偽善主義は通用しなかった。

それまでにやってきたことがケタはずれなのだ。金持ちになりたい、女性に持てたい、目立ちたい、普通の男たちが考える欲望をとてつもないレベルで実現させてきた男こそ、笹川良一だと断言していいだろう。

戦前に右翼団体「国粋大衆党」を設立、たちまち党員1万5000人、飛行機20機保有という大組織にしている。この頃、本人自ら専用機でローマまで飛び、ムッソリーニに会いに行ったというのには驚く。一民間右翼がヨーロッパを席捲していた政治家に直接会ってきたのだ。

「モーターボート」利権で世界一の金持ちファシスト

笹川が戦後日本に巣食っていた他の黒幕たちと比較して、決定的に違っている点は、企業や政治家などクライアントから報酬をもらわなくても、自前で莫大な資金を調達する装置を有していたことだ。誰はばかることなく、自由に使えるカネが有り余っていたのだ。

米タイム誌のインタビューを受けて「世界で一番の金持ちファシストである」と堂々と自慢しているほどだ。一時期、ノーベル平和賞の候補に上がったといわれたが、まんざら根のない噂ではない。世界中の平和グループや慈善団体などにカネをばらまいていた。このノーベル賞をもかっさらおうという笹川の資金を支えていたモノは何だったのか。

終戦後、笹川はA級戦犯として巣鴨刑務所に服役していたが、その獄中で競艇事業を思いつく。出所後、競艇の連合会を組織して代表におさまるや、その莫大なアガリを自分のおもちゃのようにいじりだした。

バクチのテラ銭を堂々とポケットに入れて持ち歩いているようなものだ。それもそこらの親分衆の開帳なんてレベルではない。たちまち年間売り上げ2兆円という、ちょっとした国の国家財政規模にまで膨れ上がっていった。

所轄官庁の運輸省からの圧力も強まり、政界には笹川に勝るとも劣らない〝天才〟が笹川の牙城に迫ってきた。笹川の持つ巨額の競艇利権をごっそり奪おうとしたのだ。その名は田中角栄。第64（・65）代（40人目の）総理大臣だ。

笹川vs田中の水面下の戦いは〝昭和の川中島合戦〟といわれるぐらいすさまじいものがあったと伝えられる。笹川側は弟了平が逮捕され、関係者が死亡するという痛手を負う。笹川の逆襲として、ロッキード事件は笹川が仕組んだものと一部で信ずる者がいるのも事実だ。笹川は田中を葬ろうとしたのだ。

笹川良一伝説

「東洋のマタ・ハリ」が愛人

笹川は第二次世界大戦中、関東軍の女スパイとして「東洋のマタ・ハリ」と呼ばれた川島芳子を一時期愛人にしていたという噂があった。交際があったことは事実であるが、関係については否定も肯定もしていない。

喧嘩に負けたことはない

笹川の口ぐせに「私と喧嘩になって勝った者はいない」というのがある。本当に強い者は戦わずして勝つ。この笹川の言葉にたいていの者は戦う前に退散したという。唯一田中角栄は例外か。

自ら志願したA級戦犯

笹川は戦争中、戦犯指定を受けるほどの活動はしていない。終戦後に大々的に連合国批判を繰り返してわざわざ戦犯志願をしたといわれる。しかもA級でないと気がすまなかったらしい。

▼1兆円の男

あの角栄を「利用」し尽くした戦後「政商」のチャンピオン

小佐野賢治

国際興業社主

氏　　名　小佐野賢治（おさのけんじ）
生年―没年　1917―1986
肩　　書　国際興業社主
家族・交流　弟・政邦（帝国ホテル社長）
略　　歴　山梨県の小作農の子として生まれる。高等小学校卒業後、自動車部品会社に就職。21歳で軍隊に入り、中国へ。帰国後除隊となり、23歳のとき自動車部品会社を設立し、軍との太いパイプにより成功を収める。この資金をもとに戦後立ち上げた会社「国際興業」は、朝鮮戦争の特需景気にも乗り、事業を拡大させていく。会社買収にも積極的だった。76年、ロッキード事件が発覚し、一般にもその名が知られるようになる。証人喚問での「記憶にございません」という言葉は有名。86年にすい臓がんで死去。

山梨県の、けっして豊かとはいえない農家に生まれた小佐野賢治は、体格が良く成績も上位で、ひときわ目立つ子供だった。

また、高等小学校の頃から実業家を志していたという。自分にとっての道がどこにあるかを、早い時期から気づいていた。後に〝政商〟と呼ばれる大物になったことも、彼の予定表には書き込み済みだったのかもしれない。

15歳で自動車部品会社に就職し、仕入れ・販売・経理など仕事のノウハウを身につけた小佐野は、23歳で自分の部品会社を興す。その前、2年ほど中国で従軍生活を送ったことが、みずからの部品会社を成功させることにもなった。嘱託として軍の人脈に食い込み、会社の規模はみるみるうちに拡大していく。

また、小佐野が軍のカネを戦争のどさくさにまぎれて手に入れたという黒い噂も根強い。

日本が敗戦を迎えた後、ほどなくして起きる朝鮮戦争による特需が、小佐野の会社にとっても大きな追い風となる。自動車部品という戦争には不可欠な商品を扱っていたことは、会社に莫大な利益をもたらしていった。

ホテル買収も次々と行い、小佐野の代名詞ともいえる社名「国際興業」によるバス事業にも乗り出していくことになる。しかし「バス王」とは呼ばれたが、それは小佐野の一面でしかなかったともいえるだろう。

こうした事業拡大をしていく端緒となった人脈は、政治家では田辺七六代議士。田辺は戦時中から小佐野をかわいがっていた。

実業家では、東急グループの五島慶太だった。小佐野がまだ20代の頃、五島と直接交渉して「強羅ホテル」を買い取る。五島慶太は田辺代議士に紹介された。

まだ20代の若さでありながら、小佐野の迫力ある面構えと体躯は、有力な政治家と有力な実業家に一目置かれる存在となっていた。

次々とホテルや会社を買収して事業を拡大していった小佐野の個人資産は、やがて一兆円に達するほどにもなったという。

歴史に残る名セリフ「記憶にございません」

1976年、政財界を揺るがすロッキード事件が発覚する。自社の航空機を売り込むため、ロッキード社が40億円にも上る工作資金を日本の政治家や高官、実業家に渡したとされた。やがて、前総理大臣・田中角栄が逮捕されるという大事件へと展開していく。

工作資金ルートのひとつに関わったとして、一気に小佐野の名も知れ渡る結果となった。

小佐野は渦中の政治家・田中角栄とも仲が良かった。2人ともたたき上げでカネと権力を手に入れたという共通項がある。

ロッキード事件発覚後、押し出しの強い2つの顔がテレビに連続して映し出されることが多くなった。

国会の証人喚問で追及された小佐野は、流行語にもなったセリフを吐くことになる。

「記憶にございません」

若い頃から、「押し出しの強さ」だけでなく「おとぼけ」も巧みに使っていたという。その二刀流を駆使して、大物の黒幕に上り詰めた男の真骨頂だった。

しかし、昭和が終わる3年前の86年、すい臓がんを患って世を去る間際は、こう口にしていたという。

「カネがいくらあっても、墓場には持っていけない」

小佐野賢治伝説

幼時より巨漢で貫禄十分

子供の頃から同世代に比べて身体が大きく、相撲も強かった。教師を組み伏せたこともある。また、勉強も成績上位だった。事業に取り組みだした20代の頃から額が禿げ上がっていて迫力があり、声も大きく堂々とした態度だったため、40代に見えたという。

若くして巨万の富

まだ28歳だった1945年時点で900万円の個人資産を持っていた。これを現在の額に換算すると約100億円ほどになる。

名家の美人令嬢と結婚

妻は旧伯爵家出身で、学習院女子出の美女。若き日の小佐野は以前から結婚相手は華族がいいと主張していたが、そのなかでもとびきりの美しさを持った女性と連れ合うことになった。育ちはよくない小佐野だったが、圧倒的な経済力と押しの強さでターゲットを手中に収めた。

▼闇将軍

「馬喰のせがれ」が一国の宰相に――その強烈な「カネ遣い」伝説！

田中角栄

内閣総理大臣

氏　　名　田中角栄（たなかかくえい）
生年－没年　1918－1993
肩　　書　内閣総理大臣
家族・交流　長女：田中真紀子（衆議院議員）
略　　歴　新潟県の農家に生まれる。満州での兵役を経て1947年、衆議院選挙に２回目の立候補で初当選。独自の人心掌握術と「金権政治」で自民党中枢に食い込み、72年に総理大臣。日中国交正常化を実現、日本列島改造論をブチ上げた。その後、金権問題で総理を辞職。さらにロッキード事件で逮捕され被告となった（後に有罪と認定された）。総理を退陣してからも田中派のドンとして院政を敷き「闇将軍」と呼ばれた。晩年は脳梗塞を患い隠居。いまなお歴代宰相のなかで抜群の人気を誇る。

総選挙が近づくたびに、陣笠議員たちが自民党幹事長・田中角栄のもとを訪れてくる。

無論、資金の相談であることは百も承知だ。

「田中先生、実は……」

「キミ、いくら必要なんだ」

「申し訳ありません。実はどうしても１００万円ほど……」

角栄はその場で秘書に現金を用意させた。

「これを使いなさい」

ブ厚い封筒の中に、100万円の帯封3本が入っていた。

「先生、これは……」

「100万円は使いなさい。100万円は貯金すればいい。残った100万円で、家族や支援者にうまいものを食わせなさい」

これは、田中角栄の金銭哲学にまつわる最も有名なエピソードのひとつである。

戦後最大の金権政治家と批判されながらも、いまなお「人間・角栄」のスケールの大きさに魅了されてやまない人々が大勢いるのも事実。それは、豪快すぎた「実弾バラ撒き」と常に自分の言葉で語る姿勢のなかに、無学ながら一国の宰相に登りつめた男のいつわりない人生が、誰にも良く見えたからであろう。

角栄の総理在任期間は1972年から74年までの2年あまりとそう長くはない。むしろ、76年に「ロッキード事件」における受託収賄罪で逮捕され自民党を離党した後、院政を敷いた10年間が、政治家・田中角栄の「最盛期」だったといってもよい。

仇敵・福田赳夫を78年に総理退陣に追い込むと、最大派閥のドンとして君臨。大平・鈴木・中曽根内閣を演出し、思いのままに操った。人はそれを「角影内閣」「田中曽根内閣」と呼び、党幹部の「目白詣で」はいつしか恒例行事となった。

当時の田中派は金丸、竹下ら幹部の下に小沢、橋本、小渕ら「七奉行」がひしめき、ロッキード裁判対策として法務大臣も田中派の指定席。官房長官には霞が関に抑えのきく後藤田正晴を重用し、秘書に早坂茂三、金庫番に佐藤昭子とキングメーカーを固める役者たちに不足はなかった。

田中は、東大を出た霞が関の官僚たちの操縦術も心得ており、また人気もあった。エリートと雑草の親分肌、まったく異質な者同士の波長が合うこともある。田中は常に「責任はオレが取る。だから働け」と言い、それを実行した。

田中が蔵相時、主税局課長だった山下元利が所得税法改正案にかかる税率の数字を間違えるという大事件を起こした際も平然とこう言い放った。

「大したことはない。日本のソロバンがコンピューターのミスを発見したことにしておけばいいんだ」

山下はその後政界へ転じ、最後まで角栄を支えた。

「裏切り者」竹下登に激怒　皇民党事件で見せた意地

ロッキード事件の被告となっても権勢をふるった角栄だったが、85年に脳梗塞で倒れたことを機に支配力は低下。しかし、そこで「闇将軍」の意地を見せつけたのが87年の「皇民党事件」だった。

85年、田中派を見切る形で「創政会」を立ち上げ、さらに87年に「経世会」として独立を果たした竹下登に対し、角栄は激怒する。

「日本一金もうけのうまい竹下氏を総理大臣に！」

右翼団体・皇民党による露骨な「ほめ殺し事件」が始まったのである。そこに角栄の怨念が働いていることは明らかだった。右翼の街宣は延々と続いた。

ほとほと困り果てた竹下は、東京佐川急便・渡辺広康社長の仲介を依頼。「竹下自ら目白へ謝罪に行く」ことで手打ちとする話がついた。

しかし、記者とカメラの放列が待ち構える田中邸に到着した竹下の車は門前払い。その大恥をかくシーンは電波に乗って広くお茶の間に放映された。それ以降、「ほめ殺し」は止んだが、それは権力の座にしがみつく「闇将軍」の最後の抵抗にほかならなかった。

角栄の死後、総理がその座を降りたあとにむしろ支配力を強め、権力構造が不透明化する現象がしばしば見られるようになる。しかし、いまだ「角栄伝説」を超える宰相は見当たらない。

田中角栄伝説

角栄と女たち

秘書の早坂茂三によれば「角さんの女性関係は数えたらキリが無い。しかし親方が立派だと思うのは、反逆の旗を立てた女が1人もいなかったことだ」ということらしい。

大臣室「オープン」作戦

1964年、大蔵大臣に就任した角栄は、並み居る大蔵官僚たちの前で、こう宣言した。「私は小学校の高等部しか出ていない。しかし、世の中の経験は、多少積んでいるつもりである。まぁ、諸君は財政、金融の政治家だ。事の成否はともかく、結果の責任は、すべて大臣であるこの田中がとる。今日から、大臣室のドアは取っぱずす！以上」

▼「巨怪」

「巨人・大鵬・卵焼き」戦後をデザインした「テレビの父」

正力松太郎

読売新聞社社主　科学技術庁長官

氏　　名　正力松太郎（しょうりきまつたろう）
生年―没年　1885―1969
肩　　書　読売新聞社社主、科学技術庁長官
家族・交流　長男：正力亨（巨人軍代表）
略　　歴　富山県射水郡（現・射水市）にて、土建請負業を営む正力庄次郎の息子として生まれる。東京帝国大学卒業後、内閣統計局に入り高等文官試験合格。1913年に警視庁入庁。24年「虎ノ門事件」を回避できなかった理由で懲戒免官（のち恩赦）。読売新聞社の経営権を買収する。戦後、A級戦犯として巣鴨プリズンに収監されるが47年に釈放。52年、「日本テレビ放送網」社長に就任。放送開始後、プロレス中継と巨人戦でテレビ普及をリードする。55年、衆議院選挙に出馬し当選。初代科学技術庁長官に就任し原子力発電の導入に尽力した。「テレビの父」「プロ野球の父」「原子力の父」と呼ばれる。

ノンフィクション作家・佐野眞一の代表作『巨怪伝』は、正力松太郎の生涯を足かけ9年にわたる取材によって描いた労作である。

読売新聞社に入社する記者たちの必読書となっているこの本は、ひとりの男の伝記であると同時に、日本のリアルな戦後史としても読める作品である。

元警察官僚、読売新聞社社主、プロ野球の父、初代科学技術庁長官などさまざまな顔を持つ正力だが、とりわけ一般層に知られているのは「テレビの父」という肩書だ。

テレビ放送は戦後日本のお茶の間になくてはならない娯楽、情報源として普及し、国民生活をコントロールしてきた。いまなお堅固に残存する免許制度に守られたテレビ局と政治の互恵関係。正力はその大システムの立役者であり、その意味で戦後大衆社会の大黒幕といえる。

A級戦犯、関東大震災……戦前の語られざる「暗黒史」

「テレビの父」「プロ野球の父」といえば聞こえはいいが、正力のA級戦犯としての過去、あるいはその後のダークな一面はそれほど知られていない。

あの関東大震災時に「朝鮮人が暴動を起こしている」という有名なデマを流したのは正力であったとされるし、「日本テレビ」創設にあたっては、日本に軍事目的のマイクロ波多重通信網を設置したいと考えていたCIAの思惑を正力が受け入れ、正力はCIAの「心理的再占領」を承知しながらあえて計画を推し進めていたことが最近出版された本で明らかにされている。(『日本テレビとCIA　発掘された「正力ファイル」』有馬哲夫著)

目的のためには手段を選ばぬという強引な性格があってこそ、これだけの仕事を手がけられたともいえるが、米国を利用しつつも決して操られることはない正力の懐の深さが見て取れる。

正力松太郎を支えた無数の「無告の民」

もっとも、正力が手がけたさまざまな事業は、正力ひとりが手がけて実行したものではない。

佐野眞一『巨怪伝』は、そのサブタイトルに「正力松太郎と影武者たちの一世紀」とあるように、正力の仕事のほとんどが、実は数多くの参謀役、懐刀たちのアイデアと指導により実行されたものであることを強調している。

正力にあったものといえば「事業欲」と「政治的野心」のみであり、テレビ、プロ野球、読売新聞、原子力と大衆を扇動し、その欲望を利用しようと動き回ったのは正力の下に隠れた、「黒幕の黒幕」だったというわけである。

1924年、「虎ノ門事件」（皇太子狙撃事件）で警視庁を懲戒免官された正力は、その35年後、あの長嶋のサヨナラホームランで知られる「天覧試合」で貴賓席の天皇の後ろに座ることになる。

天皇が満足そうに貴賓席を後にすると、正力は感激のあまり転倒したという。

俗と欲の塊であった正力松太郎。米国公文書館が公開した外交機密文書から正力に関するファイルを見つけた早稲田大学教授の有馬哲夫は、著書『原発・正力・CIA』（新潮新書）のなかでこう述べている。

「原発、正力、ＣＩＡはよく似ている。その存在を賛美することはできないが、かといって否定することもできない」

正力松太郎伝説

「虎ノ門事件」で辞表を提出

正力が警視庁時代の１９２４年12月27日、後の昭和天皇となる当時の皇太子・裕仁が、摂政の宮として大正天皇の代理で開院式に出席するため、自動車で議会に向かう途上、虎の門を通過中に銃で狙撃された。裕仁は無事で、犯人の「難波大助」はその場で逮捕された。この「虎ノ門事件」で即日、内閣は総辞職。正力も辞表+懲戒免官となってしまった。

読売社会面に衝撃のエロ面

読売新聞を買収した正力は、手っ取り早く拡張戦争に勝つため１９２６年、社会面に早くもヌード写真を載せ読者の度肝を抜いた。当時正力は「新聞の生命はグロチックとエロテスクとセセーションだ」と胸をそらして語ったため、心ある人々からは英語の使い方も知らないのかと失笑されたという。

▼ゴッドファーザー

すべては「山口組」に通ず——日本の裏ルールを作った男

田岡一雄

三代目山口組組長

氏　　名	田岡一雄（たおかかずお）
生年—没年	1913—1981
肩　　書	三代目山口組組長
家族・交流	長女：由伎（エッセイスト）
略　　歴	徳島県三庄村の農家に生まれる。7歳のとき、兵庫県神戸市へ転居。高等小学校を卒業後、旋盤工見習の職につくが、現場主任を殴って退社。17歳で任侠の道へ入り、24歳で山口組の若衆となる。25歳のときの決闘・刺殺事件で、31歳まで服役。出所後の1946年、山口組三代目を襲名する。土建・荷役・運輸・芸能など幅広い実業に取り組み、幾多の抗争事件と相まって昭和の任侠世界の顔役となる。1981年、急性心不全により死去。

山口組の「山」の文字を菱形にデザインした「山菱」と呼ばれる紋章は、任侠の世界にあこがれる者にとって高いブランド・イメージを持つ。それは日本最多の構成員を擁する巨大組織・山口組の象徴である。

山口組は裏社会の憲法であり、その秩序はいまなお日本の見えない掟として機能している。

昭和の時代に山口組を日本一のヤクザ組織に引き上げ、「日本の裏秩序」の基礎を築き上げたのが、田岡一雄だった。

山口組二代目組長・山口登に、田岡一雄が盃を受けたのは、24歳のときだった。 1

936年、厳寒の1月20日。それは、二・二六事件が起こるおよそ1カ月前。

戦争に向かう日本全体を覆う殺気立った世相に呼応するように、20代田岡の青春があった。元々が港湾・荷役業務を請け負う集団である山口組は、気性の激しいことで知られていたが、田岡もその例に漏れなかった。また同時に、実業家としての才覚も早い時期から認められていたため、組織運営の中心人物となっていった。

だが、37年、山口組を破門になった大長政吉とのいさかいから、弟の大長八郎を刺殺することになる。

大長八郎とはお互いに「ハチ」「クマ」（田岡の愛称）と呼び合う仲だったが、自分の筋を通そうとする田岡の日本刀にためらいはなかった。

この刺殺事件により、田岡は戦時中のほとんどを獄中で過ごす。そして服役中、田岡は山口組二代目・山口登の死を知る。そのときの思いを彼はこう綴っている。

「二代目山口登にはわたしはずいぶんと目をかけてもらってきた。子分のなかでも、かけ離れて一番年下だったわたしを、末っ子のようにかわいがってくれた。（中略）わたしは胸を熱くつまらせ、この大事に、こうして自由のきかぬ刑務所にいる自分の身が、このときほど情けなく、もどかしく思えたことはない」（『山口組三代目　田岡一雄自伝』）

二代目を失ったことは衝撃だったが、彼にとってこの服役は、戦後の昭和における山口組勢力拡大への雌伏の時期だったと言えるだろう。

1943年、恩赦減刑出所した31歳の田岡が、次なるビジョンを心に抱いていたのは、間違いない。

芸能・興業ビジネスを一手に仕切った真の実力者

やがて終戦。田岡は昭和天皇の玉音放送を、賭場で聞いた。

そして1946年に山口組三代目を襲名すると、実業家であり任侠集団のリーダーたる田岡の精力的な活動に火がついた。

昭和20年代から30年代にかけ、「神戸芸能」社長、日本プロレス協会副会長などの職につき、田岡は芸能・興行への強大な影響力を持つようになっていく。戦後を代表する歌手・美空ひばりの後ろ盾であったことは、当時からまったく隠されていないことだった。

戦後昭和の裏社会と表社会、どちらにおいても、田岡は幅広く活動していたが、とりわけユニークなのが「麻薬追放国土浄化連盟」への参加だろう。この連盟は、右翼の田中清玄、左翼の参議院議員・市川房枝も参加していた。

田岡一雄は、気性の激しさを持つと同時に、冷静に状況分析ができる人物でもあった。麻薬追放運動のように、社会との関わりを持とうという発想もある。田岡が昭和を代表するヤクザであり黒幕と称される所以は、そうした柔軟性にあったのだろう。

田岡一雄伝説

ボクシングのリングに上がる

血気さかんな25歳当時、興行に携わっていたボクシング東洋フェザー級タイトルマッチ「ピストン堀口対ジョー・イーグル」の試合後、リングに駆け上がり、審判に激しくクレームをつけた。微妙な判定でイーグルの勝ちとなったことが理由。すぐ警官に取り押さえられたが、会場の不満を代弁した行為とも言われる。

ひばりの赤い靴

美空ひばりがまだ11歳だった頃、当時珍しい赤い靴を買い与えた。少女のひばりは大喜び。美空ひばりに「おいちゃん、おいちゃん」と呼ばれ、慕われるようになる。そして戦後すぐの早い時期から、天才歌手・美空ひばりの芸能活動をサポート。

狙撃されても周囲を見る

京都で狙撃されたとき「おれはいいから、向こうの人の手当てしろ！」と、流れ弾に当たった人を気遣った。

▼「風見鶏」

田中角栄のDNAを受け継ぎ いまなお院政を続ける「大長老」

中曽根康弘

内閣総理大臣

氏　　名　中曽根康弘（なかそねやすひろ）
生年－没年　1918―
肩　　書　内閣総理大臣、世界平和研究所会長
家族・交流　長男：弘文（参院議員）
略　　歴　群馬県高崎市で使用人150人という大きな材木問屋の次男として生まれる。東大卒業後、内務省に入るがその後海軍を志望、終戦後の1947年、衆院選挙に当選する。正力派、河野派に所属後、中曽根派を結成して、82年内閣総理大臣に就任。在職1806日の長期政権を樹立、国鉄、電電公社、専売公社の民営化を行う。外交面では構えの大きいわりには成果が乏しかった。「政界の風見鶏」と呼ばれた。03年、小泉純一郎総理に定年制度を受け入れるよう説得され引退するが、その後も長老としての存在感を示す。

女性が美しく見える条件として「夜目、遠目、笠のうち」という言葉がある。第71～73代総理大臣として在位１８０６日という長期政権を築いた中曽根康弘についても、「富士山のような」つまり遠目に見ていれば、実にすばらしい宰相であるという評価がついてまわった。

戦後いち早く「ひおどしの鎧を着けた若武者」といわれて、颯爽と中央政界にデビューした青年政治家は、順調に政界の階段を上っていくが、弱小派閥を渡り歩くという悲哀を味わううちに身につけた政界処世術が「風見鶏」という生き方だ。

堂々とした長身、実直そうな物言いとパフォーマンスで国民大衆からは人気があったが、どうしても計算が先に立って人のためというより自分のためという行動が目に付いた。

「リクルート事件」で逮捕された藤波孝生は中曽根内閣の官房長官。事件に関しては親分に義理立てして黙秘を通した。ところが、その親分から見捨てられるように藤波は政界から消えていった。中曽根は彼のために何をしてやったというのだろう。

作家平林たい子氏のこんな中曽根評がある。「彼は、べらべらと燃えるかんなクズのような軽薄才子」。中曽根内閣の指南役といわれた四元義隆でさえ、中曽根＝風見鶏という風評には異を唱えていない。

米国との堅固な関係性で異例の長期政権を実現

中曽根内閣といえば、当時のレーガン米大統領との緊密さは有名で「ロン・ヤス」関係は日本の国民に強い印象を与えた。「不沈空母」という言葉が世界中を駆け巡ったように防衛論議もさかんとなり、新しいナショナリズムを喚起した。

もっとも、靖国参拝で中国、韓国から政治問題にされるような原因をつくったのは中曽根だ。勢い勇んで現職総理として公式参拝を挙行したが、ひとこと抗議されたら「ごめん！」と平謝り、今に至るまで彼らのごり押しを許すことになってしまった。

組閣に際しては、田中の懐刀といわれた後藤田正晴と清貧イメージの伊東正義を重用して内政は2人に任せる姿勢を見せ、その後は安倍晋太郎、竹下登、宮沢喜一といったニューリーダーを競わせることで、長期政権の礎を築いていった。

外部応援団として世間に知られた読売新聞の渡邉恒雄でさえ、中曽根総理実現を絶望視したというが、いざ実現してみれば闇将軍として絶対権力を振るっていた田中角栄をたくみに取り込んでいる。角福戦争といわれた自民党総裁選で、同郷群馬県の先輩福田赳夫を敵としてまで田中勝利に貢献した大手柄が生きていたわけだ。

晩年、憲法改正に意欲を燃やし続けたが小泉純一郎にまさかの引導を渡され、議員バッジを外した。しかし、姿無き中曽根の「声」はかえって威厳を増し、いまなお政局の場面でその名が取り沙汰される。

中曽根康弘伝説

ベルサイユ宮殿

代議士になって間もない頃、中曽根は親しい新聞記者に「今度、ベルサイユ宮殿のようなところに引っ越す」と言った。どんなところかと思ったら、新しい3DKの衆院宿舎だった。

「不沈空母」発言

米記者に話したこの言葉は「日本の防衛を外国の侵入を許さない船のようにする」といったのが意訳されたものであった。相手は訂正を申し出たが、中曽根はそのままでかまわないと答えた。

憲法改正

独自の改正憲法を発表するなど、憲法改正は中曽根のライフワーク。しかしながら小泉内閣時の自民党の新憲法起草委員会の試案では中曽根憲法の前文は採用されなかった。

▼「メディアのドン」

中曽根政権を牛耳った男「大連立構想」のフィクサー

渡邉恒雄

読売新聞主筆

氏　　名　渡邉恒雄（わたなべつねお）
生年―没年　1926―
肩　　書　読売新聞主筆
家族・交流　盟友：氏家齋一郎（日本テレビ元会長）
略　　歴　東京都杉並区に生まれ、開成中学、東大を経て読売新聞社に入社。政治部記者として大野伴睦の番記者となり、存在感を強めていく。中曽根政権誕生の立役者と言われ、その後も盟友関係が続いている。世界一の発行部数を誇る読売新聞をバックに、政財界の裏面にも通じており、その言動は政界のみならず、プロ野球、サッカー、相撲とスポーツ界にも及ぶ。07年、幻に終わった自民党と民主党の「大連立構想」の橋渡し役をしていたことが明らかになり話題を呼んだ。一般的には「ナベツネ」と呼ばれることが多い。

07年秋、日本中を驚かす、あるいは呆れさせる事件が起きた。総理・福田康夫と民主党・小沢一郎の「大連立構想」が発覚。特に民主党にとって、それまでの流れからしてありえないこのＫＹな仕掛けが、実は読売グループのトップ・渡邉恒雄によるものだったことが分かったからである。

日頃、渡邉を「巨人軍やプロ野球について放言を繰り返すパフォーマー」程度にしか認識していなかったかなりの国民にとって、一国の政権運営にメディアのトップが深くコミットしていた事実は、それなりに深刻なニュースであった。

しかも、この一件に対して、渡邉が君臨する読売グループが責任回避に走るのは仕方ないとしても、他の新聞やテレビ各局がなんとも及び腰だったのは間違いない。まるでかつての大物フィクサー、児玉誉士夫や笹川良一に対する姿勢を思い起こさせるようなマスコミ各社のていたらくであった。

だが、渡邉の政治記者としての歩みを見ると、若い頃からジャーナリストというより、けっこうフィクサーらしきことをやっている。まともな批判精神を持って記事や社説を書くよりも、どうやら人を動かしたり事件を巻き起こすことが好きな人物だというのがわかるのだ。

渡邉は有識者や官房長官を含む密室の会合を好み、自民党のオーナー気分に浸るのが好きだ。

ジャイアンツの成績が落ち込むと、スポーツ紙の記者はナベツネの追っかけを始めるが、夜、たいてい渡邉は決まったいくつかのホテルにいる。出てくる際には決まって赤ら顔である。

大野伴睦の番記者時代閣僚人事を握った

かつて、読売新聞の政治部記者として高輪の大野伴睦邸に出入りしているうちに、渡邉は大野の玄関番をするようになった。

大野が失意にあるときもとりあえず大野邸に通った。そのうち大野が国会に出かけるとき、渡邉はクルマに同乗させてもらうようになった。

新聞記者というのは大体においてプライドが高い。ましてや東大など卒業していると、学歴のない政治家などどこかでバカにしているものだ。ところが渡邉はそうではなかった。頭が切れるうえに情が厚い。大野の信頼を得た渡邉は、いつしか大野派の「閣僚推薦権」を持つようになった。中曽根康弘は、渡邉のおかげで閣僚ポストにありついた1人だ。

中曽根とは当初、読売の社主で代議士だった正力松太郎の命令で付き合うようになったが、中曽根の謙虚で質素な一面に触れて以来、渡邉・中曽根のラインができ上がった。このラインに合流したのは、後に政界フィクサーとして知られる福本邦雄（当時産経新聞）と氏家齊一郎（当時読売新聞）などどうにも新聞記者の枠にはまらない連中だ。彼らは中曽根を総理にすべくあの手この手の姦計をめぐらせていく。

平成の時代に入ると、渡邉は本来興味のなかったプロ野球、巨人軍について現場に干渉する発言を多くするようになり、これが大きくマスコミに取り上げられたため、プロ野球ファンなどには「ジャイアンツV9時代で思考の止まった迷惑なじいさん」といった風なイメージを持たれている。

しかし、今も昔も渡邉にとって大切なのはプロ野球と巨人ではない。あくまで政界の住人である。

読売新聞を大新聞に育てた、渡邉の師匠格ともいえる正力松太郎は総理大臣を目指して政界入りしたが、その子分渡邉恒雄は、親分とは違って政界黒幕としての地歩を固めたいようである。

渡邉恒雄伝説

読書家

渡邉は東大で歴史家の網野善彦と同級であった。中学2年でドストエフスキーにのめり込んだというその早熟ぶりに後の有名学者も脱帽、渡邉の後に付き従う日々であったという。

佐藤栄作との死闘

現在本社のある元国有地払い下げを巡って対立、両者の戦いは熾烈を極めた。先に詫《わ》びを入れたのは時の総理、佐藤だった。

「たかが選手」

古田（ヤクルト）が選手会長として、渡邉の主張する改革案に反対して「2リーグ12球団維持」を表明したことに「無礼なことを言うな。たかが選手が！」と恫喝。世間の顰蹙をかった。

▼「信濃町の天皇」

14年ぶりに登場した「動く大作」800万票を握る「平和の使者」

池田大作

元創価学会会長　SGI会長

氏　　名　池田大作（いけだだいさく）
生年一没年　1928—
肩　　書　創価学会名誉会長、SGI会長
家族・交流　長男：池田博正（創価学会副理事長）三男：池田尊弘（創価学園主事）
略　　歴　東京・荏原郡（現・大田区）で海苔製造業を営む家の五男として生まれる。1947年に創価学会入信。戸田城聖・創価学会第2代会長の信望を得て実績をあげ、60年に第3代会長。64年に「公明党」を結党。65年より「聖教新聞」紙上で「人間革命」の連載を開始。70年の言論出版妨害事件では証人喚問の要請がなされたが実現には至らなかった。聖教新聞や学会系出版物を除くメディア登場はほとんどなく平和活動に専念しているとされるが、特に公明党が政権入りして以降、集票力、集金力をバックに政局のキャスティングボートを握るドンとして存在感を強めている。

「閣下、光栄です。うれしいです。政治家でなくて庶民の王者と会ってくださって。庶民は大事です」

07年4月12日、来日した中国の温家宝首相と会談した池田大作・SGI会長は、握手の際にこのように語りかけた。30分の会談のうち冒頭の5分がメディアに公開されたが、池田の一般メディアへの登場は14年ぶりという異例のできごとであった。

つまりほとんどの人が「動く池田大作」を初めて見たのである。

池田が「庶民の王者」かどうかは置くとして、ここでの池田発言の趣旨を素直に解釈すれば、政治家ではない庶民の代表者と会ってくれたことに対する感謝の気持ちということになる。

しかし、温家宝首相を「庶民とも会う気さくな人」であると思った日本人はいない。池田大作が政治家以上に政治的な人物であること。

そして、安倍首相（当時）の靖国神社参拝問題をめぐり、参拝に反対する公明党と友好関係をアピールすることで、日本側の動きを牽制しようとする中国側の思惑が明らかだったからである。

池田大作は、知られるように創価学会1200万会員の頂点に立つ男である。すでに公明党との融合が進んでいる自民党は、公明党支持母体の創価学会を無視したり批判することはできない。公明党が限られた議員数で政権のキャスティングボートを握り続け、池田大作が実質的な政権オーナー状態になっていることこの（創価学会にとっての）理想状況はすでに10年近く続いていることになる。

池田大作版「カリスマへの道」は、1956年に元プロ野球選手で大阪支部長だった白木義一郎を学会員として初めて当選させたこと。そして、翌年の補欠選挙で、公職選挙法違反容疑で逮捕されながらも「弾圧に打ち勝ち」無罪になった（「大阪事件」）一件に始まるとされる。

その後展開した「折伏大行進」でも、庶民の味方を謳い文句に会員数を飛躍的に増加させ、池田は「若きカリスマ」として不動の地位を固めた。集金システムの構築にかけては天才的で、65年に実施した正本堂（72年完成、98年に解体）建設のため、供養金を3日間で355億円集めた逸話はいまなお語り草である。

人となりについては、「カネと権力の亡者」と悪く言う人と「崇高な宗教家」とよく言う人の両極端しかおらず、客観性のあるエピソードが少ない傾向があるが、これはとにかく池田が外部の取材を受けないことによることが大きいだろう。だが、権力への志向性が強かったことは事実のようだ。

「池田会長は、モダンな本部応接室のアームチェアーにアグラをかき直すと、煙草を一服し、静かに、そして激しい語気でいった。『私は、日本の国王であり、大統領であり、精神界の王であり、思想文化一切の指導者・最高権力者である』」（高瀬広居『人間革命をめざす池田大作その思想と生き方』１９６５年）

では創価学会のホームページからもひとつ。

「１９７４年、第一次訪中の折、一人の少女が池田に尋ねました。『おじさんは、何をしに中国に来たのですか？』。池田は即座に『あなたに会いに来たのです！』と答えました」

信濃町のドンも80歳を超え、「Xデー」も囁かれて久しい。創価学会の「永遠の指導者」が歴史の法廷に立ったとき、どういった評価を下されるのだろうか。

池田大作伝説

「デージン」発言

「すごい時代に入りました、ねー、そのうちデージンも何人か出るでしょう、ねー、ね、もうじきです、あしたあたり出るから」と93年の選挙で喜び過ぎ。

青島幸男と本音対談

1969年、後の東京都知事・青島幸男と誌上対談。興が乗ってきたのか「もし、それだけの理由と力があって、しかも誰にも迷惑をかけないという場合には、一夫一婦制の枠外の行為でも私は男性として認めます」と本音トーク。

▼「地下経済の帝王」

バブルの波を動かし、踊った戦後日本経済史上「最大の怪人」

許　永中

フィクサー

氏　　名　許永中（きょえいちゅう）
生年—没年　1947—
家族・交流　担当弁護士：田中森一（元特捜検事）親交：松井章圭（極真会館館長）
略　　歴　大阪市北区に在日朝鮮人として生まれる。大阪工業大学中退後、様々な仕事を経験して東邦エンタープライズを設立、闇経済の世界に関わるようになる。その後、日本レース事件、イトマン事件と大型経済事件の仕掛け人となり、「地下経済の帝王」と呼ばれる。暴力団や同和関係など闇世界を背景にした暴力装置と事業企画の才で政財界の暗部に食いこんだ。イトマン事件で拘留され、保釈中に石橋産業事件を起こす。

野村永中あるいは藤田永中と名乗って、戦後最大の経済事件といわれたイトマン事件の仕掛け人となった許永中は、その出生の事情からして真っ当な日本社会に対して牙をむくように仕向けられていたようだ。

戦後ベビーブームの中で許が生まれた場所は、大阪市北区の中津というところ。大阪には朝鮮半島から移住してきた人々が肩を寄せ合うように暮らしている地域が方々にある。中津もそのひとつで、許は、幼い頃から陰に陽に差別が繰り返される日々を過ごしながら、「いまに見ておれ！」と己に言い聞かせながら成長していった。

後に「地下経済の帝王」と評され、大物政治家や財界人と気脈を通じながらも、裏社会の側に軸足をおいて日本の秩序や体制に強烈に反発しながら悪名を拡大していく。実際には暴力団にも同和団体にも所属していなかったといわれるが、この異形世界を両輪にして、智恵と腕力でのし上がっていった。

自殺した在日出身の自民党政治家に新井将敬がいたが、彼も許と同世代、生まれた土地も同じ大阪市北区だった。2人の間に付き合いがあったかどうか定かでないが、ともに強烈な在日パワーを見せつけていた。

多彩な人脈と交友関係、地下経済を牛耳る天才

ロマンを語り、誰も考えつかないような事業計画を描くことには天才的な才能があったという。彼の口車に乗せられた有名財界人や政治家の名前は枚挙にいとまがないほどだ。

ざっとあげると、若い時代の彼を中央に導いたといわれる太田清蔵（東邦生命社長）をはじめ、イトマン社長の河村良彦、住友銀行会長の磯田一郎、政治家では亀井静香、中尾栄一、野中広務、福本邦雄（政治フィクサー）など多士済々だ。

地下経済の帝王、大物フィクサーとして絶頂期を迎えた許が、仕掛けたのがイトマン事件だ。日本経済界を震撼させたこの事件では、3000億円という大金が闇に消

えている。

たった一人の闇紳士に歴史を誇る名門企業は、ズタズタに切り裂かれていった。

この事件で、許は特別背任などの罪で逮捕されるが、保釈中に石橋産業事件を起こしている。スネに傷を持つ企業を見つけるや、本能の赴くままに食いつき、しゃぶり尽くすという行為は獰猛な野獣を連想させる。

石橋産業の関係者にはこんな言葉で迫ったという。

「これから政界や財界のトップと付き合うには今までの石橋さんではあかんのです。ここに10億円用意しました。このカネをわしの指示に従って使ってほしいのです」

容貌魁偉、180センチ100キロのスキンヘッドが10億円の札束の山を見せた。相手は、しばらく身の震えが止まらなかったという。

許　永中伝説
1千万円なら受け取る

許は人間の弱さをよく知っていた。中途半端では人は動かない。百万円なら断るが、1千万円ならどんな人間でも受け取ったという。この方法で大物政治家も一流財界人も彼の言にひれ伏し、口利きを引き受けた。

学生ヤクザ

大阪工業大学に入学したが、パチンコ屋と雀荘に入り浸る典型的な不良学生だったという。不良グループを組織してリーダーとなり、店のガードマンをつとめて「みかじめ料」を取り立てていた。

「戦前」の大黒幕

「近代史の謎」を演出した男たち 霧に包まれた実像とその「伝説」

甘粕正彦
里見甫
頭山満
内田良平
杉山茂丸
井上日召
平岡浩太郎
宮崎滔天
石原莞爾

「満州の皇帝」と呼ばれた**甘粕正彦**（1891―1945）は、陸軍軍人。関東大震災のどさくさまぎれに無政府主義者・大杉栄を殺害したとされる「甘粕事件」（1923年）の首謀者である。映画『ラストエンペラー』の登場人物の一人としても知られる。

3年間の服役後、フランス留学を経て満州へ渡り、満州国の設立に暗躍。阿片ビジネスを展開するかたわら「満州事変」を演出。謀略活動の資金はこの阿片に加え、自身が理事長をつとめる「満州映画協会」から出ていた。

終戦時、青酸カリで自殺。辞世の句「大ばくち　もとも子もなく　すってんてん」は有名である。

里見甫（1896―1965）は、中国と日本の両国を股にかけた「阿片王」。天津の邦字紙記者という表向きの肩書を持ち、実際には語学力をいかして国民党とのパイプ役、そして関東軍の資金を提供する阿片ネットワークを構築した。

戦後は東京裁判にも出廷したが、表舞台に返り咲くことはなく、65年に死去した。

玄洋社代表・**頭山満**（1855―1944）は伝説の右翼。その風貌もさることながら、「アジア主義」とも呼ばれた日本の海外進出を訴え、孫文や蒋介石、インドのラス・ビハリ・ボースら日本に亡命してきた革命家たちをかくまい援助するスケールの大きさで広く人望を集めた。

戦局が泥沼化していた1941年、頭山は東久邇宮稔彦王の依頼で蒋介石との和平会談を模索。蒋介石は「頭山とならば」と会談を了承したが、東條英機首相に阻まれそれは実現しなかった。

晩年は静岡・御殿場で隠居し「おれの一生は大風の吹いたあとのようなもの。何も残らん」と語っていたという。

民族主義団体「黒龍会」創設者の**内田良平**（1874―1937）は元祖・大陸浪人。

甘粕正彦

里見甫

頭山満

内田良平

杉山茂丸

講道館仕込みの柔道とロシア語を武器に23歳でシベリア横断。頭山満の「玄洋社」から独立する形で1901年に設立した「黒龍会」も、中露国境を流れる大河から取った名である。

1906年に朝鮮統監・伊藤博文に随行して渡韓。07年、「一進会」会長の李容九と日韓の合邦運動を盟約し、その顧問となった。このとき双方で日韓合邦構想が確認された。この「合邦」計画が結果的に「併合」となったことで李容九は「売国奴」と呼ばれることになってしまった。

その後、満蒙独立運動を指揮するも37年に死去。多磨霊園に眠る。

明治から昭和初期における政界黒幕を演じたのは作家・夢野久作の父でもある**杉山茂丸**（1864―1935）である。

福岡藩士の長男として生まれ、「玄洋社」主要メンバーとして活躍。若き日には伊藤博文暗殺計画を企て面会にもこぎつけたが、逆に本人に説得され断念したというエピソードを持つ。

金融と経済こそ、日本の近代化への条件であるとの持論から、1898年には渡米し金融王と呼ばれたJ・P・モルガンと単独面会。工業資本の供給を目的とする興業銀行設立運動を展開した。

豊富な人脈を背景に、台湾統治や日露戦争の幕引きなど、歴史の要所で時の権力者に献策を続けた杉山であったが、確固たる事業や資金力があったわけではない。むしろ、借金をアイデアで返済しながらフィクサーを演じきった怪人と呼ぶべきであろう。

明治、大正、昭和を駆け抜けた冒険者・杉山だったが1935年に脳出血で死去。玄洋社の頭山満は、その遺髪が故郷の福岡に運ばれるのを見て人目もはばからず涙を流したという。

その他、戦前の黒幕と呼ばれた男に「血盟団」創設者の**井上日召**（1886―1967）、「玄洋社」初代社長の**平岡浩太郎**（1851―1906）、大陸浪人の**宮崎滔天**（1871―1922）、関東軍参謀の**石原莞爾**（1889―1949）らがいる。

第二章　闇の光

▼任侠最大伝説

一代で組織をつくりあげた徒手空拳の伝説的親分

稲川聖城

稲川会初代会長

氏　　名　稲川聖城（いながわせいじょう）
生年―没年　1914―2007
肩　　書　稲川会初代会長
家族・交流　長男：裕紘（三代目稲川会会長）
略　　歴　神奈川県横浜市に生まれる。本名は角二。19歳のとき、柔道場の道場主に三代目堀井一家の総長を紹介してもらい、侠客としてのスタートを切る。26歳で綱島一家に入り、戦後の1949年、35歳のとき熱海市に興行会社「稲川組（後の稲川会）」を結成し、昭和の時代に日本有数の巨大組織へと成長させた。三代目山口組組長・田岡一雄や児玉誉士夫らとの交流で知られる。

稲川会初代会長・稲川聖城は、大正生まれ。青年期を、戦前・戦中の殺気立った昭和前半の時代に過ごした。2年間、軍隊にもいた経験がある。

20代の稲川は、戦中も博徒として警察にマークされていた。だが、侠客として本格的に名を上げていくのは、戦後になってからだった。

１９５０年、その勢力に目をつけられ、ＧＨＱによって稲川組解散命令が出る。しかし、稲川は地元の有力政治家と話し合い、しばらく賭博場をとりやめるという譲歩案を打ち出し、結果的に解散命令は解除され、組織は維持されることになったというエピソードがある。

稲川のこうしたバランス感覚と調整能力は、戦後日本の経済発展と歩調を合わせることとなった。稲川会という組織が巨大化していった大きな要因といえるだろう。

稲川聖城は、「黒幕の代名詞」児玉誉士夫とも関係が深い。

１９５０年代から60年代にかけ安保闘争の嵐が吹き荒れるなか、児玉は稲川に警備協力を要請した。安保に反対する学生を中心としたデモ隊の数は、警察の警備力を圧倒的に上回っていたのである。

児玉の要請は、１０００人単位の人員を一声で集められる稲川の力量を認めていたからにほかならない。

また、児玉の要請の背後には、政治家・岸信介の依頼があったといわれている。勢いづいて多数化していく左翼勢力に対抗するため、任侠組織を大同団結させていかなくてはならないという児玉の発想もあった。

児玉は稲川に対して、「兄弟分にならないか」ともちかけるほど、信頼を寄せていた。だが稲川は謙虚に、「いや、兄弟分ではなく、心の親分に」と巧みな返答で応じたという。

後年、作家の遠藤周作に「稲川さんのような〝親分〟になれる条件とは？」という質問をされたとき、稲川はこう答えている。

「（良い）子分ももちろんですが、外部の人のためになることです。堅気のためにもなりいろんな人のためになる。それには好かれなければダメです。憎まれたんじゃ男に絶対なれない。とにかく悪いことをすれば悪い噂が出ますし、いいことをすればいい噂が出ます」（遠藤周作『ぐうたら怠談』毎日新聞社）

稲川聖城の言葉

「おお、蛍が飛んでいるなあ」

（博打が終わり伊東温泉へ向かう道で）

▼在日フィクサー

日韓両国を股にかけた男の激しき「人生の折り合い」

町井久之

東声会会長

氏　　名　町井久之（まちいひさゆき）
生年─没年　1923─2002
肩　　書　東声会会長
家族・交流　後援：力道山（プロレスラー）
略　　歴　本名は鄭建永。父は韓国人。専修大学在学中より愚連隊リーダーとして名を売る。終戦後まもなく「町井一家」をつくり、それと並行して在日コリアン団体結成にも関与する。1957年、「東声会」を、61年には「東亜相互企業」を設立する。70年に釜山と下関間に「釜関フェリー」を就航させるなど、日韓を結ぶ事業に取り組む。70年代からは実業家として名を知られた。02年、心不全で死去。

1910年の日韓併合以来、実際に、朝鮮人・韓国人に対する差別はときに激しくときに陰湿で、いまだ解消されていない。その差別の嵐をすり抜けるために、在日コリアンは「通名」を使うようになる。通名を使い、表面的には日本人であるかのような名前で生活する者も多い。

鄭建永（チョン・ゴンヨン）の通名は「町井久之」だった。

190センチ近い体躯。戦後の東京で、20代の町井は暴力性の強い愚連隊のリーダーとして名を馳《は》せ、在日コリアン団体とも深く関わっていくことになった。

だが、初期の在日コリアン団体は、戦前・戦中日本への反動があったため、共産主義的・左翼的カラーが強く、それに反対する勢力にとっては受け入れがたいものであった。町井も、左翼的な考えに否定的だった。

北朝鮮系の「朝鮮総連」、韓国系の「韓国民団」というかたちで、違う道を歩むようになった在日コリアン団体だが、町井は当然、後者に深く関わっていく。のちに民団の中央本部顧問をつとめることにもなった。

町井の肩書きは多い。実業家としての顔、在日コリアン活動家としての顔、任侠集団リーダーとしての顔……などさまざまだった。プロレスラー・力道山のバックについていたのも町井だった。ただし、「在日の絆」を明かすことはできなかったが――。

１９５７年に、反共グループとして「東声会」を設立した。

東声会とは「東洋の声を聞く」というところから名づけられたもの。韓半島を意識した命名である。

だが、警視庁の「第一次頂上作戦」のターゲットとされたこともあり、東声会は66年に解散宣言する。町井は実業の世界に軸足を置くようになり、80年代、90年代にかけては、任侠の世界と一定の距離を置いていた。

前後するが、61年に設立した会社「東亜相互企業」は、料亭を経営するなど、実業家としての町井の顔をメインにしていた。

反共産主義というスタンスの共通性で、児玉誉士夫との親交も深く、「東亜相互企業」の会長は児玉がつとめていた。六本木のTSK―CCCビルにオフィスをかまえた「東亜相互企業」。73年の竣工パーティには政財界、芸能界から6000人もの人がかけつけ、町井の権勢はピークに達した。

しかし、その後ロッキード事件で児玉が失脚。児玉が死去したのち、町井が人前に姿を表すことはほとんどなかった。

町井久之の言葉

「私は韓国人で、世間からは暴力団などと言われています」

▼渋谷の顔

戦後の混乱期を駆け抜けた都市型の「裏カリスマ」

安藤　昇

安藤組組長　俳優

氏　　名　安藤昇（あんどうのぼる）
生年―没年　1926―
肩　　書　安藤組組長、俳優
家族・交流　親分：万年東一（愚連隊）、舎弟：安部譲二（作家）
略　　歴　幼少時を横浜・満州で過ごす。新宿の帝王・加納貢や万年東一らに私淑し、戦後愚連隊グループ「下北沢グループ」を形成。1952年に株式会社東興行を設立。安藤組と呼ばれ、幹部に花形敬がいた。58年の「横井英樹襲撃事件」で6年間服役。その間、花形が刺殺される。64年に安藤組解散後、俳優に転進。松竹映画「血と掟」（安藤の自伝）に自ら主演し話題を呼んだ。80年代以降は作家として作品を発表している。

戦後から60年代半ばまでの渋谷を支配下に置き、いわゆるヤクザとは異なる都市型組織「愚連隊」を操縦していたのが安藤昇である。

具体的には、株式会社東興行（安藤組）なる企業の看板を掲げ、不動産や水商売、賭博開帳、債権回収など裏仕事全般を請け負っていた。戦後間もない１９４７年当時、安藤はすでに左ハンドルの外車を乗り回し、その華のある立ち居振る舞いは多くの若者の憧れとなった。

安藤がその名を馳せたのは１９５８年の「横井英樹襲撃事件」である。

東洋郵船社長・横井英樹の未払い金２０００万円の取り立てを依頼された安藤であ

ったが、稀代の乗っ取り屋・横井は支払いを拒否。「キミたちにもカネを借りて返さなくてもいい方法を教えてやってもいい」とうそぶいた。これに対し安藤は即日行動に出た。わずか数時間後、配下の構成員が横井を銃撃。横井は意識不明の重体に陥った。

この事件で6年間の服役を余儀なくされた安藤は出所後、安藤組を解散。その後、俳優に転身し銀幕世界の住人となった。その端正かつ悲しみをたたえたマスクを見た評論家・大宅壮一は、安藤との対談時に「男の顔は履歴書である」と書いた色紙を渡し、そのフレーズは流行語にもなった。

一線を退いたいまなお戦後任侠史の生き字引として健在であり、そのカリスマ性は衰えていない。

安藤　昇の言葉

「よくも悪くも自分の人生は自分で決めてきた。これだけは言える」

▼愚連隊の神様

元祖「愚連隊」と呼ばれた男 新宿を仕切った裏社会の風雲児

万年東一

右翼活動家　総会屋

氏　　名	万年東一（まんねんとういち）
生年一没年	1908—1985
肩　　書	愚連隊、大日本一誠会初代会長
家族・交流	舎弟：安藤昇（安藤組組長）親交：宮崎学（作家）
略　　歴	山形県飽海郡に生まれる。東洋商業学校（後の東洋高校）時代からケンカに明け暮れる。明治大学に進学するも舎弟とともに大和拳闘倶楽部を設立し、新宿を拠点にケンカ三昧。同時に右翼活動も開始し、1938年に社会大衆党党首・安倍磯雄をステッキで襲撃し解散に追い込む。戦後は実業家の用心棒やケツ持ち、総会屋活動を展開し、数々の経済事件でその名が取り沙汰された。1968年、全日本女子プロレス会長、その翌年には右翼団体「大日本一誠会」を結成。最後までヤクザとは一線を画した生涯だった。

戦前の新宿でこの男の名を知らぬ者はいなかった。

とにかくケンカ三昧。気性の荒さと異常なまでの好戦性は、本物のヤクザも舌を巻く、それが万年東一という男だった。暴力を基調に、ヤクザ的戒律にも縛られず、本能の赴くままに行動する万年をいつしか人は「愚連隊」と呼び、日本の新たなアウトローの元祖となった。

万年の主要な「仕事」は、右翼活動及び実業家の「裏の守護神」、あるいは「総会屋」であった。

戦前の１９３８年には社会大衆党・安部磯雄党首を襲撃し、解党に追い込んでいる。

戦後は銀座、新宿の喫茶店を拠点に経済アウトローとしての性格を強め、東宝争議（48年）や横井英樹の白木屋乗っ取り事件（53年）に関与。60年代以降は問題企業の総会屋対策の切り札としても暗躍した。

交流のあった作家・宮崎学による万年の伝記では、山口組三代目の田岡一雄をも呼び捨てにし、カネにまったく執着しないという「折り目正しいアウトローの純血種」として描かれている。

万年が根城にしていた新宿の喫茶店「白十字」に行くと、酒を一滴も飲まない万年はいつも深夜まで隅の席に陣取って、裏世界の依頼者と面談し、チョコレートパフェやあんみつを美味そうに食べていたという。金はいつもなかった。

万年東一の言葉

「平気で損することができるのが任侠。できないのが普通の男だ」

▼「元祖」経済ヤクザ

「皇民党事件」で名を馳せた裏社会での「実力と凄み」

石井 進

二代目稲川会会長

氏　　名　石井進（いしいすすむ）
生年―没年　1924―1991
肩　　書　二代目稲川会会長
家族・交流　先代：稲川聖城（初代会長）
略　　歴　神奈川県横須賀に生まれる。通名・石井隆匡（たかまさ）。旧制鎌倉中学（退学）を経て武山海兵団に入団。敗戦後、横須賀の石塚一家の若衆となる。55年、稲川会の構成員。69年に巽産業を設立。経済ヤクザの嚆矢となった。「皇民党事件」「東急電鉄株買い占め事件」など、80年代後半のバブル時代以降に起きた数々の経済事件でその名が取り沙汰され、政財界に大きな影響力を及ぼした。91年、病に倒れ死去。

およそヤクザのドンらしからぬどこか温和な風貌の石井進・二代目稲川会会長。資金力を武器とした経済ヤクザの草分け。酒を飲まず、神社仏閣巡りを楽しみ、家庭を愛したというその生き方が「顔」にも反映されているのだろうか。

関東最大の勢力を誇る稲川会。石井は初代会長・稲川聖城の後を継ぐ二代目会長として、85年からの5年間、バブル期の裏帝王として君臨した。

86年に始まった右翼団体・皇民党による「ほめ殺し事件」。

「カネ儲けのうまい竹下さんを総理大臣に！」

10カ月も続いたこの街宣活動に、竹下は円形脱毛症になるほど疲弊していた。この

「ほめ殺し」は田中派を裏切り経世会を立ち上げた竹下に対する「目白のドン」田中角栄の制裁と解釈されていたが、それだけではない竹下の重大な「闇」の部分があったはずだと証言する関係者も多い。

皇民党・稲本虎翁総裁（故人）を説得しようと複数の自民党大物議員が動いたが、ことごとく失敗に終わっていた。最後に竹下がすがったのは石井だった。東京佐川急便・渡辺広康社長を介し街宣の中止工作を依頼。

87年10月2日、赤坂プリンスホテルで稲本総裁に面会した石井は「竹下を目白に行かせ、詫《わ》びさせる」と約束。実際に竹下はその2日後に田中角栄邸を訪問し、衆人環視のなか門前払いという屈辱を受ける。この石井の「命がけの説得」で止められなかった「ほめ殺し」がプッツリと止まった。

裏社会を知る住人たちにとって、この衝撃性は計り知れなかった。

後に金丸信は衆議院による病床での臨床尋問でこう答えている。

「いちばん世話になったのは（石井会長が）ほめ殺しをやめさせてくれたことだ」

竹下内閣誕生にいかに石井の力が大きかったかを明確に示す言葉だった。左目に眼帯を巻いた金丸はこうも語った。

「（石井会長を）上座に座らせようと思ったが、上座に座るくらいなら帰ると言った。律儀な男だ」

事件解決に対する謝礼の宴席でのエピソードである。

91年9月、石井は脳梗塞のため死去した。すでにはじけていた東急電鉄株買い占め事件の真相は闇に包まれた。

石井　進の言葉

「いつまでも、下から吸い上げる時代じゃなくなったですよ。上納金、上納金、そんな聞き苦しいことばっかり言われたんじゃゃね」

（88年、溝口敦氏のインタビューに答え）

▼史上最強のシノギ

凶弾に倒れた「シノギの帝王」ヤクザの新しい道を示した男

宅見 勝

山口組若頭　宅見組組長

氏　　名　宅見勝（たくみまさる）
生年－没年　1936－1997
肩　　書　山口組若頭、宅見組組長
家族・交流　若頭時の組長：渡辺芳則（五代目）
略　　歴　兵庫県神戸市生まれ。1963年、福井組の若衆となり70年、若頭に。78年、三代目山口組組長田岡一雄の若衆となる。抜きん出た集金力と行動力で頭角を現す。89年に若頭就任。人事を握り山口組ナンバー2に。暴対法に対策すべく「ヤクザの企業化」を進め、戦後最大の経済事件と言われる「イトマン事件」でも暗躍した。97年8月、山口組系中野会組員に銃撃され、死去。

90年代、山口組ナンバー2として君臨した宅見勝は、時代に合わせたヤクザの生きる道を体現した「シノギの帝王」だった。

92年4月、岸本才三本部長らとともにスーツ姿で兵庫県警に赴いた宅見は、初の暴対法聴聞会に出席。堂々とした様子で新法の違憲性と任侠道を語った。「ヤクザの権利」を主張する一方で、これまでの裏仕事を次々と舎弟企業化し、ビジネスとして成立させた。これにより、ヤクザの活動実態は極めて不透明なものになったとされる。

その3カ月後、宅見は暴力団組長の罪状としては違和感のある外為法違反容疑で逮捕される。当局が100億円以上を動かす宅見組の資金力に狙いを定めていた証しだった。

91年、宅見組系企業が関与し50億円以上もの利益を上げたとされる「クラボウ株買い占め事件」、あるいは、3000億円ものカネが裏社会へ流入し、いまもってその流れが解明しきれていないという戦後最大の経済事件「イトマン事件」。これらのバックにはいずれも宅見が動いていたというのが定説で、当局が導入した新たな暴対法は事実上山口組を動かしていた宅見のために導入された法律ともいえた。

宅見は決して闇社会の内側のみにとどまる人間ではなく、直接自民党の代議士に会ったり、検察・警察幹部とも情報交換を行なっていた。

闇社会の守護神と呼ばれた田中森一元特捜検事は、宅見がいつもボディーガードもつけず1人で行動していたことに驚いたという。宅見は田中にこう言っていた。

「先生、もしヤクザが事件の相談に乗ってくれ、言うてやってきたら宅見に言われるから言うて断わってください。ヤクザが出入りしたら先生の事務所の格が落ちます。その代わり、私と五代目に何かあったときだけは、よろしく頼みます」

1997年8月28日、宅見は新神戸オリエンタルホテルの喫茶室でヒットマンに狙撃され、壮絶な死を遂げる。持病の肝硬変が悪化し、若頭のポストを退こうとしていた矢先の出来事だった。

宅見を狙撃したのは、同じ5代目腹心の武闘派・中野会組員だった。

長く続いていた中野会と会津小鉄の抗争を、中野太郎会長の承諾なしに宅見が「手打ち」としたことで、中野会のメンツが潰されたことによる報復だった。この一件では、なぜか五代目・渡辺組長が中野会を即座に「絶縁処分」とすることを躊躇したことで、五代目と宅見のすきま風が指摘された。

バブル後の経済混乱期に凄まじいカネを動かし続けた宅見だが、常々「若い衆に任侠がなくなってきている」と嘆いていたという。

宅見　勝の言葉

「山口組は雲仙災害に対する義援金の拠出などについては領収書を取るようなまねはしない。証拠はないが、そのあたりの組織の性格を理解して欲しい」
（92年の聴聞会にて）

▼システム金融の帝王

近代的ヤミ金システムを構築 山口組の「動脈」を握る男

梶山 進

五菱会幹部

氏　　名　梶山進（かじやますすむ）
生年―没年　1950―
肩　　書　五菱会ナンバー2
家族・交流　旧友：高木康男（元五菱会会長）
略　　歴　静岡県出身。稲川会系暴力団でヤミ金のノウハウを学ぶ。その手腕を見込んだ山口組系五菱会の高木康男会長に誘われ、同会の実質的ナンバー2に（構成員ではなかった）。多重債務者相手のシステム金融の手法を開発し、巨額の利ざやを稼いだ。その多くが山口組に流れたといわれる。03年に指名手配され、自首。懲役6年6カ月の刑が確定した。

00年頃から広まった新たな非合法貸金システムの創始者で「平成のヤミ金王」と呼ばれたのが梶山進である。

梶山が集め上納した金は一説に２０００億円ともいわれるが、正確な金額は分かっていない。逮捕時にスイスの銀行に預けられていたカネは51億円。しかし、それとて集めたカネのごく一部でしかない。

梶山が開発したとされる「システム金融」とは、多重債務者を次々と別の金融業者（実際は同一グループ）へ紹介し、借金を膨れ上がらせるというものだった。ダイレクトメールやDMによる勧誘と非面接方式による与信・貸付。ネットワーク時代にいち早く対応し、都内だけで1000店舗以上を統括管理していた。

　実行部隊は上層部の構造をまったく知らされておらず、末端では就職情報誌を見て応募してきた若い男女が働いていた。ノルマを課し成果を競わせつつ、「社員旅行」「野球大会」まである福利厚生ぶり。警察の摘発の際のマニュアルまで用意していた。しかし、その上納先が山口組であるということは最後まで明かさなかった。

「数字に強く、関西のヤクザからは『先生』と呼ばれていた」という梶山は、数億円で豪邸を新宿区内に建設していた。

　カネ回りのよさを言われると「ウチは普通の会社」と答えるのが常だったという。

梶山　進の言葉

「3日後の100万円より、いまの1000円。それが多重債務者というものだ」

▼菱の武闘派

山口組随一の武闘派組織も「除籍」騒動で解散の危機に

後藤忠正

後藤組組長

氏　　名　後藤忠正（ごとうただまさ）
生年―没年　1943―
肩　　書　後藤組組長
家族・交流　祖父：後藤幸正（富士箱根鉄道などを創設した実業家）
略　　歴　静岡県生まれ。山口組最強の武闘派と恐れられ、92年には映画監督・伊丹十三襲撃事件で配下の組員が逮捕された。債権回収、倒産整理などシノギに長けた組織として知られ、99年には日本航空の個人株主（2位）に名前が登場し波紋を広げた。01年、米国に渡り肝臓移植手術を受ける。近年になってこれが米国当局との取引だった疑いが指摘されている。08年10月までに山口組から除籍処分を受けた。

近代ヤクザの実力のバロメーターである「資金力」に加え、「実行力」にかけて山口組の中でも1、2を争う武闘派として恐れられたのが静岡を拠点とする後藤忠正（通名：忠政）率いる後藤組である。

後藤組の荒々しい暴力性が知られるようになった事件のひとつとして、70年代から80年代にかけての公明党がらみの一件がある。

70年代に創価学会が日蓮正宗の総本山大石寺のある静岡県富士見市で大規模な墓苑開発を計画したところ大規模な反対運動が巻き起こり、学会は地元の後藤組に鎮圧を依頼。後藤組は反対運動の活動家を日本刀で斬るという極めて荒っぽい手法でこれを鎮圧したとされる。

92年には映画「ミンボーの女」をめぐり伊丹十三監督を襲撃したとして、構成員が逮捕されるという事件も起きた。

その後、オウム真理教事件や格闘技「ＰＲＩＤＥ」消滅問題など、「カネの集まるところに後藤組あり」とばかり、その名が取り沙汰されている。派手なシノギが周囲の反感を買ったことと、後藤組長自身の健康問題があり、01年以降はその力が衰えたとされる。

08年10月、山口組からの除籍騒動が明るみに出た。後藤組長の米国での肝臓移植手術をめぐり「ＣＩＡと司法取引をした」疑惑が報じられた。

後藤忠正の言葉

「私は常に物事に対処する時は、自分の生命を賭け、明日を考えずにその一事、一事に全力をぶつけて力一杯生きています」

▼総会屋のドン

第一勧銀を支配した大物総会屋 バックに「児玉誉士夫」の影

木島力也

「現代評論社」社長

氏　　名　木島力也（きじまりきや）
生年—没年　1927—1993
肩　　書　現代評論社社長
家族・交流　師匠：児玉誉士夫（右翼活動家）弟子：小池隆一（総会屋）
略　　歴　新潟県生まれ。本名・鬼島力也。政界入りを志して上京後、右翼団体や総会屋事務所に出入りし1960年代から本格的な総会屋活動を開始。1962年、京橋に「現代評論社」を設立、新左翼系月刊誌「現代の眼」を発行。児玉誉士夫と深い親交があったほか、第一勧業銀行との深いつながりで知られた。93年に死去。

児玉誉士夫、笹川良一、小佐野賢治といった黒幕を「第一世代」とするなら、木島力也はその源流を受け継ぐ第2世代の黒幕。株を支配することで企業に深く食い込む専門性を持った木島は「総会屋のドン」と呼ばれた。62年、「現代評論社」を設立し月刊誌『現代の眼』を発行。広く業界から広告料を集めていた。

当時から児玉誉士夫、小佐野賢治らと交流があったが、ロッキード事件以降、彼らの影響力が後退するにつれ台頭。82年に総会屋への利益供与が禁じられ、広告料が激減すると今度は児玉らの時代から付き合いのあった企業の株主となり、その関係をさらに強めていった。

80年代には中央競馬の馬主としても知られていた木島だが、とりわけ深く食い込んだ企業が第一勧業銀行だった。

90年に行なわれた木島の長男の結婚式には大企業の経営幹部200人以上が出席。その中に第一勧銀の相談役、副頭取らの姿があった。

90年時点で同行に預金6億円、6万株を持つ大株主。人心を知り尽くした木島は、銀行の「人事」に影響を及ぼす存在となることで、なかなか癒着を断ち切らせなかった。それはまさに「裏頭取」ともいえる存在で、その影響力は弟子の総会屋・小池隆一に受け継がれた。

木島力也の言葉

「これからは株の時代。株の資産価値とともに、その力もうまく使わなくてはやっていけない」

▼100億円の男

抜きも抜いたり100億円！「火をつけて手打ちする男」

小池隆一

総会屋

氏　　名　小池隆一（こいけりゅういち）
生年―没年　1943―
肩　　書　総会屋
家族・交流　師匠：木島力也（現代評論社社長）
略　　歴　新潟県生まれ。高校中退後、68年に上京。1970年ごろから小川薫のもとで総会屋活動をはじめ、王子製紙の株主総会（71年）でデビュー。乱闘騒ぎで事情聴取されながらも口を割らなかったことでその「適性」を見込まれた。77年から機関紙「訴える」を発行し、80年代は児玉誉士夫の流れをくむ木島力也に私淑。庭石雑誌『石』を発行しながら、木島らの威光をバックに巨額の資金を第一勧銀及び4大証券会社から引き出すことに成功する。97年、総額128億円にも及ぶ巨額の利益供与が発覚し逮捕された。

小池隆一は97年にはじけた第一勧業銀行、野村証券ほかによる巨額利益供与事件の主人公を演じた人物である。その金額、およそ１２８億円。ほとんどが第一勧業銀行からのものである。

一見、ヤサ男風で胆力があるようには見えない小池が、なぜギネスブック的記録を打ち立てたのか。それは、企業の総務部長に「すべての名前を使う男」と呼ばれたように、広い人脈から実力以上に自分を大物に見せる手腕に長けていたこと。そして、この世界で口が固いことの価値を十分認識し、それを若い時分から守ったことである。

なかでも児玉誉士夫系の大物総会屋・木島力也から「隆ちゃん」と可愛がられたこ

とは、小池の最大の「後ろ盾」であったと思われる。木島の口癖は「本物の総会屋は何をしたいのか表に知られてはだめだ」であった。

バブル崩壊後も株式投資にのめり込み、数十億円単位で損失を出した小池に利益供与・損失補填を続けた金融機関。小池という「幻想」に踊らされたのか、それともバブル崩壊後の株主総会対策として小池を頼り続けた金融機関に小池が踊らされていたのか。おそらくそのどちらでもあったと思われる。

97年6月、第一勧銀の宮崎邦次元会長が自殺。その一報を東京拘置所の独房で聞いた小池はひとり涙を流したという。

小池隆一の言葉

「ネタさえ握れば、企業とは五分と五分だ」

▼「虚業集団」

西武を潰した名うての総会屋 株主総会に出ない「謎」の生活

芳賀龍臥

総会屋

氏　　名　芳賀龍臥（はがりゅうが）
生年―没年　1929―2004
肩　　書　総会屋
略　　歴　福島県生まれ。株券を担保にした「証券金融」で高利を得ていたため「パクリ屋」「黒ヤギ」（株券をパクる。食べてしまうという意味でヤギ）と呼ばれていた。1960年代から総会屋として名を知られるようになる。93年の「キリンビール事件」、97年の「松坂屋事件」で、企業側から利益供与を受け逮捕。04年、西武から利益供与を受け逮捕されるが、これがきっかけで西武鉄道株の上場廃止という展開に至る。腎不全を患い、04年に75歳で死去。

幾多の経済小説で知られる作家・清水一行の『虚業集団』という作品のモデルとなったのが、大物総会屋・芳賀龍臥である。

芳賀はこの小説を、総会屋活動に利用していたとも言われている。「小説にもなった大物総会屋」というブランド・イメージを見せつけ、企業の首を縦に振らせる方向にもっていったというわけである。

１９８２年の商法改正で先行きが厳しくなった総会屋だったが、芳賀は多様な抜け道を編み出していった。

04年、芳賀が西武グループに利益供与をさせたのも、新しい手口だと指摘された。

その手口は以下のようなものだった。

西武の持っている土地を欲しがっている不動産屋がいた。その不動産屋に西武を仲介したのが芳賀だった。

芳賀は、土地を相場価格より安く、西武に売らせた。そして、安くなった金額のいくらかを、芳賀の利益として不動産屋にキックバックさせるというわけだ。

この事件で罪に問われた西武側の被告の裁判で、検察はこう指摘している。

「不動産取引を装った利益供与という新しい利益供与である」

芳賀サイドに提供された利益の総額は2億円近くになるとされた。

芳賀は、総会屋に顔を出さない総会屋といわれた。株主総会で大声を出すより、正当な商行為を装うシステムを考えたほうが賢い。芳賀は時代に合わせてスタイルを変化させる柔軟な思考を持っていた。

多くの総会屋の例に漏れず、芳賀は青年期から、逮捕歴が数多い。詐欺・公文書偽造・商法違反……。97年には松坂屋から総会屋対策として数十万円の商品券を受け取った容疑で逮捕されている。

三国志の諸葛孔明は、世に出る前に「臥龍」と呼ばれて村民から尊敬されていた。臥龍とは「優れた能力をもちながら世間に知られないでいる大人物」という意味。芳賀の名は反対の「龍臥」――名前がまずかったのかもしれない。

総会屋対策で多くの逮捕者を出した西武は、その後、トップの堤義明までも逮捕される結果となった。こちらは有価証券報告書の虚偽記載およびインサイダー取引という証券取引法違反だった。

結果的に、巨大な企業グループ「西武」の天皇とも呼ばれた堤義明が転落していく端緒には、芳賀という大物総会屋の存在があったわけである。

芳賀龍臥の言葉

「日本の会社で、オレが狙って潰せない会社はない」

▼「最後の総会屋」

数々の「ワルい弟子」育てた広島総会屋グループのドン

小川　薫

総会屋

氏　　名　小川薫（おがわかおる）
生年－没年　1937―2009
肩　　書　総会屋
家族・交流　弟子：小池隆一（総会屋）
略　　歴　広島県広島市生まれ。電気器具商をしながら野球賭博の胴元をしていた父親のもとで育つ。45（昭和20）年、原爆投下のさいに被爆。野球の強豪・県立広島工業高校に進学し、県大会決勝まで進む。卒業後2年間の就職期間を経て、東京の芝浦工業大学に入学するも、中退。60年代半ばから株主総会で顔を売り、70年代には若くして「大物総会屋」と呼ばれるようになった。「ピンクレディー」の事務所オーナーとなったことも。03年に恐喝で逮捕され、3年間服役生活を送っている。

小川薫は「総会屋」という言葉の定義に関して、一家言持っている。自分が「総会屋」の代表的な存在だと世間に認知されていることは認めつつも、「エセ総会屋」と一緒にしてほしくないと主張する。

「脅しやすかしで企業に取り入って、裏金を引き出すのは総会屋でもなんでもない。それは強請屋、たかり屋、取り屋つまりエセ総会屋に過ぎない」（小川薫著『実録総会屋』ぴいぷる社）

また、「株主総会で発言しない者を、総会屋と呼ぶべきではない」とも言っている。総会という「現場」を重んじる小川は、1971年、乱闘事件の当事者にもなっている。

王子製紙の株主総会での出来事だった。小川一派と他の総会屋グループとの間で、ささいなことから乱闘になり、この一件は大きく報道され、総会屋同士がにらみ合う殺気立った生ナマしい現場を世間に知らしめることになった。

こうした事件もきっかけになり、82年、商法が改正され、総会屋への利益供与が禁じられた。

だが、商法改正後、総会屋が排除されて良かったという世間の空気に、小川はこう反論している。

「総会屋が健在だった時代では、こんな経営者（日経新聞の鶴田卓彦社長＝当時。愛人による公私混同スキャンダルを起こした）はたちまち糾弾されていたものだ。（中略）総会屋がいなくなっても、トップのなかには、権勢を笠に着て、会社を食い物にする輩はなくならない。むしろ増えているかもしれない。それを知るたびに、私のなかの総会屋魂が目を醒まして、動きはじめてしまう」（前掲書）

そんな小川ゆえ、警察にマークされ、総会シーズンに毎年のように逮捕されている。03年には実刑判決を受け3年間服役した。

最近でもこんな事件があった。

08年10月30日、小川薫を脅迫容疑の被告とした事件の裁判が東京地裁で開かれ、懲役10カ月の実刑判決が下された。

この裁判では、小川が不動産会社「アーバンコーポレイション」へ送った一通の手紙が脅迫にあたるかどうかが争われた。

その手紙には「アーバンコーポレイション」と暴力団関係者との関係が指摘されていた。これに関して小川は「株主としての質問であり、脅迫にはあたらない」と無罪を主張していたが、裁判所は認めなかった。

「最後の総会屋」は、70歳を過ぎてもまだまだ意気軒昂だったが、09年4月に東京拘置所内で病没した。

小川　薫の言葉

「ええか。おまえたちの親父はけっして恥ずかしい仕事をしているわけじゃないんど」

▼日本最大の総会屋グループ

総会屋の時代を駆け抜けた集団 企業を震え上がらせた「広島の龍」

正木龍樹

論談同友会会長

氏　　名　正木龍樹（まさきたつき）
生年ー没年　1941—
肩　　書　論談同友会（論談）会長
略　　歴　山口県岩国市生まれ。父は元海軍将校。5歳のとき広島に移り住み、不良少年となり一時期少年院に入る。地元広島・岡組舎弟の若い衆となるも足を洗い、1966年に上京。日本最大の総会屋グループとなる「論談同友会」を設立する。徹底した組織統制と規律でメンバーを増やし、1982年には三越・岡田茂社長の退任劇を演出し、総会屋としての実力を知らしめる。97年に発覚した第一勧銀の巨額利益供与事件を機に、インターネットでの活動を開始。ノーパンしゃぶしゃぶ顧客リストの実名公開などで話題を呼んだ。

60年代から80年代にかけて、総会屋が最も生き生きと活動した昭和の時代に、日本最大の総会屋グループとして君臨したのが正木龍樹率いる「論談同友会」である。

正木は広島から上京後、同郷メンバーらと一緒に集団で力を出す総会屋グループを形成。何の知識もない人間を、総会屋の悪い部分が身についていないと歓迎し、組織に取り込むことで新鮮かつ攻撃的な組織作りに成功した。

正木は同業者の一種異様な「汚さ」を見るにつけ「あまりにも汚い。いやじゃのお」と思ったという。同じ総会屋にしても、何か価値のあることをしたい。その思いは、総会屋としての正木の魅力でもあり欠点でもあった。

正木はメンバーを他の総会屋と付き合わさせず、またノルマと実力に応じたランク制を導入。76年には西新宿に同友会メンバーのための集合住宅を建設し、とことん仕事に集中できる軍団を作り上げた。

あの三越・岡田茂社長を退陣に追い込むなど80年代最強の総会屋として猛威を振るった論談であったが、97年に小池隆一が逮捕された一件で第一勧銀から供与資金の返還訴訟を起こされる。企業の総会屋グループに対する「絶縁宣言」であった。

「論談」と総会屋の時代は過ぎ去ったが、正木が企業を裏から動かし続けた歴史の一部は、開設されたホームページで知ることができる。

正木龍樹の言葉

「同じことをずっとつづけていれば、必ず崩れていく日がくる」

▼ブラックの帝王

清濁併せ呑む「会津の虎」昭和政界裏面史の名脇役

五味　武

「国会タイムズ」会長

氏　　名　五味　武（ごみたけし）
生年―没年　1926―
肩　　書　「国会タイムズ」会長
略　　歴　福島県喜多方町生まれ。映画館主の次男。本名は五十嵐武。敗戦直後、日本大学芸術学部に在籍していた頃拳銃の所持疑惑で逮捕される。映画業界紙記者などを経て1969年「国会タイムズ」発刊。告発記事を基調とする編集方針で永田町から恐れられる。笹川良一との14年戦争、田中角栄金脈追及、平和相銀事件からリクルート事件まで、徹底したスキャンダリズムで命がけの紙面を展開。永田町の名物オヤジとして一目置かれるようになる。現在グローバル・レインボーシップなるNGO団体の理事長をつとめる。

総会屋とはまた異なる形で、昭和の政界に影響力を及ぼしたのが「ブラックの帝王」こと五味武「国会タイムズ」会長である。

株主の権利を武器に企業と対決していく総会屋に対し、情報を武器に生き抜いていく道を選んだのが五味であった。

「国会タイムズ」はいわゆるブラックジャーナリズムと解釈する向きが多い。それでも足かけ40年以上にわたりミニコミ的政界情報紙を存続させてきた手腕とバイタリティーには一目置く人が多いのも事実。五味が登場する大下英治『謀略』（だいわ文庫）の中では、一匹狼が生き延びるための善悪を超えたドラマが描かれている。

あの田中角栄を退陣に追い込んだ文藝春秋レポートに先んじること2年、同様の内容をミニコミの「国会タイムズ」が活字にしていた事実。あるいは昭和最大のフィクサーである笹川良一に反逆し続けた14年。三越・岡田茂社長と「女帝」竹久みちとのスキャンダルを潰しにかかった福田赳夫とヤクザの総長。五味の「ありえない挑戦」はいまだ終わらない。折り合いをつけながらも予定調和は拒否するという五味の独特の間合いは天才的で、ブラックと切り捨てられない魅力さえ感じられる。

五味　武の言葉

「おれをブラックジャーナリストと言うなら言え。おれは一流新聞に先んじて闇から刀を出し続けて見せる。おれにはブラックの帝王としての誇りがある」

格闘界の「黒幕」列伝
「力道山」から「石井館長」まで

力道山　町井久之
金平正紀　本田明彦
新間寿　康芳夫
梶原一騎　佐川清
馳浩　松浪健四郎
石井和義　榊原信行
百瀬博教　川村龍夫

戦後日本の最大のヒーロー・**力道山**（１９２４―１９６３）は、リングに上がる主人公であると同時に、ビジネスとしてのプロレスにおける「黒幕」でもあった。

力道山のバックについていたのは**町井久之**（１９２３―２００２）が１９５７年に結成した「東声会」（のち東亜会）である。町井と力道山は同じ在日であり、日韓国交正常化交渉に動いた町井は力道山の自宅を秘密交渉の場に選んでいたほどの深い関係だった。

力道山

この東声会の上部団体は三代目山口組で、田岡一雄組長自身が日本プロレス副会長という肩書を持っていた。

当時、力道山が「在日」であることを知る人は少なかったが、試合の先々では地元の顔役と時間を過ごし、裏社会の住人たちと

町井久之

の親密な付き合いは公然と披露されていた。いまであれば大変な問題であるが、当時の日本でそのようなことは問題になるはずもなかった。

1963年、力道山は赤坂「ラテンクォーター」で住吉一家の組員に刺され、不慮の死を遂げる。

大黒柱を失った日本プロレスは迷走を始め、紆余曲折を経て1971年、ジャイアント馬場の全日本プロレス、アントニオ猪木の新日本プロレスがそれぞれ旗揚げする。在りし日の力道山を横目に闇社会との付き合いを嫌った2人は、自ら社長に就任し、テレビ局とのタッグのもと近代的興行システムを確立してゆく。

ボクシング界を仕切った2人の大物プロモーター

一方、プロレスと並び60年代―70年代のテレビ中継で非常に高い視聴率を誇ったのがボクシング中継であった。この時期興行を仕切ったのが、「協栄ジム」をつくった**金平正紀**（1934―1999）と「帝拳ジム」2代目の**本田明彦**（1947―）である。

金平は、自身も国内ランキング1位までいったボクサーだった。

金平正紀

本田明彦

58年に引退後、後に世界チャンピオンとなる海老原博幸と出会い、その才能に惚れ込み「金平ジム」を設立。4年後、海老原をWBA、WBC世界フライ級チャンピオンに育て上げた。

その後も具志堅用高や渡嘉敷勝男といった名選手を輩出し、世界タイトル戦を組める大物プロモーターに成長。「日本のドン・キング」と呼ばれた。しかし82年、世界戦を控えた具志堅・渡嘉敷の対戦相手のオレンジジュースに筋弛緩剤を入れた疑惑で永久追放処分も受けている（89年に解除）。現在、協栄ジムは息子の金平桂一郎が受け継いでいる。

また、「帝拳ジム」の本田明彦は、ジムを経営していた父が65年に死去し、17歳の若さで後継会長に就任。語学力と人脈の広さで独自のネットワークを築き、押しも押されもせぬ世界的プロモーターとなった。業界では「本田天皇」と呼ばれ、大場政夫、浜田剛史、辰吉丈一郎らが傘下の選手である。

あの2度にわたるマイク・タイソン招聘や亀田三兄弟が「グリーンツダ」から「協栄ジム」へ移籍した一件（現在は亀田ジム）など、ボクシング業界の難題は本田が動かない限り解決しないと言われている。

猪木vsアリ戦を演出した「新間寿」と「康芳夫」

いま一度プロレスに戻ると、70年代、力道山亡き後のプロレスを引っ張ったのは馬場と猪木の両巨頭であった。

劣勢からスタートした猪木の「新日本プロレス」は76年、ボクシングの現役世界ヘビー級チャンピオン、モハメド・アリと対戦させるという途方もない興行を画策。この実現に深く関わったのが「過激な仕掛人」こと新日プロ営業本部長の**新間寿**（1935—）、そして「呼び屋」**康芳夫**（1937—）であった。

特に新間はその営業手腕を発揮し、この猪木vsアリ戦で新日本プロレスが負った9億円とも言われる莫大な借金の返済のため、猪木の「異種格闘技戦ロード」を発案し実現していった。

これに一枚かんだのが、人気漫画原作者・**梶原一騎**（1936—1987）である。78年に開催された極真の怪物、ウィリー・ウィリアムスと猪木の対戦を裏で仕切っ

新間寿

康芳夫

梶原一騎

た梶原は新日本との関係を強め、80年代前半の「タイガーマスク」ブームでも大きな利益を得ることになる。

その一方で、梶原は交流のあった極真のドン・大山倍達との関係を決定的に悪化させることにもなった。理由はさまざまあるが、極真内部での立場の上下や、興行の利益配分をめぐる暗闘があったとされる。

本当に力を持っていたのはテレビ局幹部とプロデューサー

70年代から80年代のプロレス・ボクシングの本当の黒幕はテレビ局であったということができる。巨額の金が動く興行ビジネスとして成立するには地上波中継が前提条件であり、予算を握る民放スポーツ局幹部（新日本プロレスの役員にも入ったテレビ朝日・永里高平がその一例）及びプロデューサーの発言力が飛躍的に強まっていった時代でもある。

また、人気を誇った新日本プロレスにおいては最大のタニマチといわれた**佐川清**（1922―2002）・佐川急便社長の意向が絶対であったことも見逃せない。

89年、アントニオ猪木が国会議員となり、プロレスラーの政界進出のさきがけとなった。95年には猪木と入れ替わるように石川県出身の**馳浩**（1961―）が参院選で当選。この馳のバックには、当時党三役をつとめ、またプロレス好きで知られる森喜朗がおり、プロレスイベントにおける問題が生じるとたいてい森のところに話が回ったという逸話もある。

また、96年には専修大学レスリング部監督で長州力の師匠でもある**松浪健四郎**（1946―）も政界入りを果たしており、プロレス界における専大閥のドンとして君臨した。専大レスリング部の秋山準（現ノア）を全日本プロレスにスカウトすべく、わざわざジャイアント馬場が松浪を訪ねたというエピソードもある。

佐川清

石井和義

K―1「石井館長」の台頭と総合格闘技の全盛時代

90年代に産声を上げた立ち技格闘技「K―1」。これをメディアミックスの手法で一気に国民的スポーツへ育て上げたのが正道会館元館長の**石井和義**（1953―）である。

石井は元極真の空手選手だった。しかし、空手より商才を発揮。90年代にさまざまな模索を続けながら、テレビコンテンツとして人気の出る格闘技「K―1」を立ち上げ、確実に新しいファン層を取り込んでいった。

後に総合格闘技「PRIDE」のトップとして石井と覇権を争うことになる元テレビマン・**榊原信行**（1963―）も、当初は石井に連れられ会場に足を運び、格闘技ビジネスを学んだ時代がある。

00年に入り、リアルファイトの人気が日本でブレーク。テレビ中継も定着し、プロレスとのマーケットは逆転した。

ここでちらちらと姿を見せ始めたのは裏社会の住人である。

脱税で逮捕された石井館長とヤクザまみれ「PRIDE」

まず02年、K—1のドンとして君臨していた石井和義が、法人税を脱税した容疑で逮捕される。架空のマイク・タイソン招聘計画をでっち上げるという手法で、これを教唆していたのはあの「イトマン事件」の主人公、伊藤寿永光であった。

石井は最高裁で有罪が確定し、静岡刑務所に服役、すでに出所しているがいまなおK—1の最高実力者であることには変わりない。

97年にスタートした総合格闘技イベント「PRIDE」の黒幕と呼ばれたのは作家の**百瀬博教**（1940—2008）である。百瀬は立教大学相撲部出身。赤坂「ニューラテンクォーター」の元用心棒で、拳銃の所持による懲役経験もある。

PRIDEのスタートについては不透明な部分が多いが、百瀬がまとまったカネを出資していたことは本人が認めている。

百瀬博教

川村龍夫

外国人選手を含む出場選手が、リングサイドに座る百瀬にわざわざ挨拶をしにいく光景は初期のPRIDEのおなじみの光景だった。

だが、PRIDE人気がさらに過熱した03年、大晦日に民放3局が格闘技イベントを中継するという激しい「バトル」が繰り広げられた。選手の取り合いになり、裏方の間で大トラブルが発生する。

後の訴訟で明らかになったところでは、この「PRIDE」イベントを暴力団・後藤組関係者が仕切っていたことが発覚。フジテレビが中継から一切手を引く事態となり、PRIDEはあっけなく崩壊した。

なお、百瀬と一時期蜜月関係にあったアントニオ猪木は、芸能界の実力者、**川村龍夫**（1941—）ケイダッシュ会長を新日本プロレス役員に招聘している。百瀬と川村は市川高校—立教大と同じコースを歩んだ間柄で、百瀬が川村の1年先輩に当たる。

第三章　キングメーカー

▼昭和の妖怪

ヤクザ、右翼、フィクサーを総動員して安保改定を成した総理

岸 信介

内閣総理大臣

氏　　名　岸信介（きしのぶすけ）
生年─没年　1896─1987
肩　　書　内閣総理大臣
家族・交流　弟：佐藤栄作（総理大臣）女婿：安倍晋太郎（外務大臣）外孫：安倍晋三（総理大臣）
略　　歴　山口県山口町で県庁官吏の五男として生まれる。中学3年のとき、岸家の養子となる。東大卒業後、農商務省入省。大蔵省出身の星野直樹、鮎川義介らと「ニキ三スケ」と呼ばれ、満州国の建設に尽力する。戦後はA級戦犯となるが、自由党から衆院議員となり、保守合同で自民党入り。岸内閣を率いて60年安保改定を主導、今日の日米関係をつくる。

かつては日米安保闘争で退陣した反動政治家というイメージがあったが、近年は明確な国家戦略を持っていた宰相として評価が高まっている。

東大時代から秀才の誉れが高く、戦前は商工省から満州国に出向していた有能な官吏であったが、戦後もいち早く日本をリードする指導者として重きを成している。

A級戦犯として巣鴨刑務所に入獄するが、そのとき軍指導者たちの腑抜け振りを目にして岸自身は新たな気持ちで敗戦国日本の再興を決意したという。国家も胆《はら》の持ちようで誇りを保ち、回復できるとの信念を抱いた。

鳩山一郎の自由党入りした岸は、石橋湛山後の総理として、あの日米安保条約の改

定にあたる。ここで岸は国中を敵にまわすような攻撃を受けるが、決して怯むようなことはなかった。国会周辺が数万人のデモに囲まれ、女子大生の犠牲者が出ようと、「神宮球場は満員だ。私を支持する国民の声なき声がある」（サイレントマジョリティ発言）と日米関係の強化に走る。

戦後日本を主導した政治家として、吉田茂がトップにあげられることが多いが、評論家の福田和也に言わせると、経済優先といいながら産業も金融もわからなかった吉田より岸のほうが、産業立国日本の基盤を築いたと評価が高い。

岸の生き様を評して「昭和の妖怪」という表現が使われるが、戦前、戦中、戦後を通じて常に国家の中枢にいて、目立つふうでもなく、政策立案に関わっていたからであろう。つまり、昭和という時代に殺しても殺しても息を吹き返す妖怪のごとくにらみを利《き》かせていたということだ。

反安保、反岸の国民世論の前に岸内閣は退陣するが、その後も田中角栄と福田赳夫の「角福戦争」では福田の後見人として存在感を示し、長く福田赳夫が率いる清和会の長老として政界に隠然たる影響力を保持していく。安倍晋太郎―晋三は岸の直系、孫晋三は51歳という若さで総理大臣のイスに座っている。妖怪の血筋はまだまだ日本政治の奥の院を蛇行しているといえよう。

岸　信介の言葉

「私のやったことは歴史が判断してくれる」
（新安保条約の批准時）

▼「義理と人情」の男

確かに実在した「政権授受の証文」総理になり損ねた男の「器量」

大野伴睦

自民党副総裁

氏　　名　大野伴睦（おおのばんぼく）
生年ー没年　1890―1964
肩　　書　自民党副総裁
家族・交流　4男：大野明（元労働大臣）
略　　歴　岐阜県出身。明大政経学部中退後、東京市会議員を経て1930年、衆議院議員選挙初当選。戦後、「昭電事件」に連座し起訴されるが無罪。57年に初代自民党副総裁に就任。岸信介退陣後の総裁ポストを狙うが果たせずに終わった。児玉誉士夫と親しく、また番記者だった渡邉恒雄を重用したことで知られる。

自民党の初代副総理として知られる大野伴睦は、典型的な党人政治家である。「酒はわけが分からなくなるまで飲まなくちゃ駄目だ」という陽性の性格は周囲から「伴ちゃん」と親しまれ、副総裁として岸政権を支えた時代、児玉誉士夫とのパイプを持つ大野は裏の総理として存在感を発揮していた。

もうひとつ、1958年からロッキード社の秘密代理人となっていた児玉誉士夫が特によく働きかけたひとりが、この大野であったことも見逃せない。

1959年1月、ふらつく政権運営のなかで安保条約の改定に執念を燃やす岸信介首相は、日比谷の帝国ホテルで河野一郎、佐藤栄作、永田雅一、そしてフィクサー・

児玉誉士夫らが同席するなか大野と会う。

　岸が大野に懇願した。

「安保さえ改定できたら退陣し、政権を渡す。協力して欲しい」

永田雅一（大映社長）が誓約書の作成を提案し、安保改定までの岸政権に協力する代わり、総理は岸→大野→河野→佐藤という順番に引き継ぐ、という誓約書に４人が署名したのである。

　大野はこの瞬間、次期総理の座を手中にしたかに見えたが、そうはならなかった。実際の総理大臣は岸→池田→佐藤。河野一郎が岸への造反姿勢を明確にしたため、岸が態度を硬化させ、「誓約書」は幻となったのである。それでも大野は最後まで、誓約書の有効性を信じ、総理の座に未練を持っていたという。

　大野は読売新聞の政治記者・渡邉恒雄を特にかわいがり、大野派の人事にも意見するブレーンとして重用した。渡邉がこの時代に得た人脈と処世術で「平成の黒幕」へと変貌していったことは興味深い。

　渡邉は後に、この政権私議の際に交わされた「誓約書」の実物を見たいと大野に聞いたところ、児玉がそれを持っていると聞き、初めて児玉誉士夫と等々力の児玉邸で会ったことを明かしている。渡邉は単刀直入にその証文を撮影させて欲しいと申し入れたところ、意外にも児玉は了承。スパイが使う超小型のカメラで撮影したという話である。

人情家・大野伴睦を物語る逸話は多い。自宅に泥棒が入った際、「今これだけしかないが、もっといるのか?」と対応。泥棒から「これから一生懸命働いて、必ずこのお金をお返しに来ます」とかしこまられたという。正直すぎた性格が、総理のイスに嫌われたのかもしれない。

大野伴睦の言葉

「人間、騙すより騙されるほうがいいな」

▼「寝業師」

「ミスターナンバー2」の権力を最大化させる処世術

川島正次郎

自民党幹事長　副総裁

氏　　名　川島正次郎（かわしましょうじろう）
生年―没年　1890―1970
肩　　書　自民党幹事長・副総裁
家族・交流　姉の孫：平山秀善（映画プロデューサー）
略　　歴　千葉県市川市出身。専修大学卒業後、内務省に入省。選挙情報を集める部署で、政治への関心を強める。1928年衆議院選挙初当選。戦後、公職追放を受けるも復帰。55年、鳩山内閣で初入閣を果たす。岸政権では幹事長に起用され、安保条約改定の実現に尽力した。派閥力学を計算した処世術で長くナンバー2の座を維持し「寝業師」と呼ばれた。また、母校・専修大学総長や千葉工業大学理事長をつとめた。

昭和の自民党政権で最も「ナンバー2」が似合う男といえば、必ず名前があげられるのがこの川島正次郎である。

その生き様はしばしばナポレオン政権時に秘密警察を組織し、政権中枢を渡り歩いたジョゼフ・フーシェにたとえられ「昭和のフーシェ」あるいは「おとぼけ正次郎」と呼ばれた。

川島の政界を生き抜く処世術は、大政翼賛会の総務会長をつとめたこともある前田米蔵の教えがあったといわれる。1928年、衆議院議員に初当選した川島は立憲政友会に所属。そこで前田から「欲を出してはいけない。ナンバー2でいるのがコツだ」

と教えられたという。トップを狙わない政治スタイルはこのときから始まっていたのかもしれない。

川島の実務調整能力が認められたのは戦後の第2次鳩山内閣で自治庁長官・行政管理庁長官として入閣してからのこと。もともと内務省で選挙関連業務に携わっていた経歴があり、選挙制度改革の法案作りは川島の得意分野だった。

鳩山内閣退陣後、岸政権において川島は幹事長に就任。岸が退陣する際の総裁戦では、次の総理を約束されたとする大野伴睦を「君が出ると石井光次郎と票が割れ池田勇人に負ける」と説得。大野は泣く泣く総裁戦出馬を断念したが、いざ選挙となると「大野が出たら大野を支持するつもりだったのに、出馬しなかったので池田を支持する」と見事な手のひら返しを演じて見せた。

川島は、1962年に岸派解散後、川島派として独立したが、議員数は20人弱と決して大きな派閥の領袖ではなかった。しかし、少ない人数のほうが党内でのキャスティングボートを握りやすいほか、ポストや資金の配分も楽だとしてあえて議員数を増やさなかった。小派閥ながら長く副総裁の座を維持したのは、長い政治生活から得た知恵であったといえよう。

政局のキーマンとして暗躍しただけではなく、東京五輪担当大臣として大会を成功させた。また1968年の沖縄返還では、アメリカ政府に返還の約束を取り付けたのがこの川島であったことが、近年公開された米国公文書館の外交機密文書から明らかになっている。

いまなお有名な「政界は一寸先は闇」という言葉は、この川島によるものである。「寝業師」の名にふさわしい名言といえるだろう。

川島正次郎の言葉

「負けた後に文句を言っても何の解決策にもなりませんよ」

▼「カミソリ後藤田」

「警察情報」と「無欲の人」リベラルに生きたエリート黒幕

後藤田正晴

内閣官房長官　自民党副総裁

氏　　名　後藤田正晴（ごとうだまさはる）
生年―没年　1914―2005
肩　　書　自民党副総裁、内閣官房長官
家族・交流　兄の孫：後藤田正純（衆議院議員）
略　　歴　徳島県生まれ。父・増三郎は元徳島県議。東京帝国大学法学部在学中に高等文官試験に合格。卒業後、内務省に入省した。戦後、1969年、警察庁長官。1974年の参院選に出馬するも落選。76年の衆院選で初当選。中曽根内閣では官房長官をつとめ、リクルート事件で竹下内閣が崩壊した後は総裁候補とも呼ばれた。96年に引退後も政界のご意見番として重みのある発言を残し、政官に抑えの利く重鎮として君臨した。

エリート警察官僚としてトップまで登りつめたあと、政治の世界で内閣官房長官をつとめた後藤田正晴には、これといった「暗い影」はなく、黒幕と言うには当たらないかも知れない。

しかし、60歳を超えての政界入りとあって、時の総理に官房長官を請われるほどの力量をもちながら、自身は最後まで総理大臣をやろうとは思わなかったという態度は、結果的に後藤田を「陰の実力者」たらしめたことは事実である。

もちろん、警察官僚出身者に共通する「情報力」が武器となっていたことは言うまでもない。

「カミソリ後藤田」の異名は無論、切れ味の鋭い洞察力をイメージしたものだが、それは「いつ何時も軸がぶれず判断が早い」ということでもある。

後藤田の性格を物語る旧制高校時代の有名なエピソードがある。

陸上競技大会の運営責任者となった後藤田に友人がこう話しかけた。

「日本記録を狙える短距離選手がいる。今日の観客はみな彼が目当てだ。しかし、まだグラウンドに来ていない。だから彼が来るまで少し待ってやろう」

しかし、後藤田は首を振る。

「記録は関係ない。決められた進行時間にスタートする。大事なのは規律を守ることだ」

後藤田は厳格な法遵守に重い価値を置いた。後に法務大臣に就任した際、3年4カ月にわたってストップしていた死刑執行を再開させたのがその好例である。

警察庁時代の部下だった佐々淳行（初代内閣安全保障室長）は、後藤田による役人の心構え、「後藤田五訓」をまとめている。

一、省益を忘れ、国益を想え。

一、悪い、本当の事実を報告せよ。

一、勇気を以て意見具申せよ。

一、自分の仕事でないという勿れ。
一、決定が下ったら従い、命令を実行せよ。

いまも霞が関に残る金言として有名である。

96年に政界引退後、後藤田は政界のご意見番としてしばしばメディアに登場し、内務官僚と政界を生きた経験から日本のあるべき姿について提言を行ない、それは重い言葉として、必ず政権中枢に届いていたという。

後藤田正晴の言葉

「日本の国民性の一番の欠点は付和雷同だ」

▼陰の総理

突出した「情報収集力」とメディアが作り上げた「黒幕像」

野中広務

自民党幹事長　内閣官房長官

氏　　名　野中広務（のなかひろむ）
生年—没年　1925—
肩　　書　自民党幹事長、内閣官房長官
家族・交流　弟：野中一二三（園部町長）
略　　歴　京都府生まれ。旧制京都府立園部中学校を卒業後、大阪鉄道局職員に。青年団活動を始める。園部町議、園部町長、京都府議をつとめたあと1983年、衆院補欠選挙で当選、国政へ。自治大臣、国家公安委員長、内閣官房長官、自民党幹事長を歴任。98年の小渕内閣の頃からその存在感と情報力からメディアに「陰の総理」と呼ばれた。03年、小泉政治を批判しつつ政界引退。その直前、自民党総務会で「部落出身者を総理にできない」と発言した麻生政調会長（当時）を激しく批判し話題になった。

野中広務は、自ら被差別部落出身者と明かしたことのある政治家として知られる。

「野中闇将軍説」は、メディアがその部分を意識するあまりの「作られたイメージ」に過ぎないとの声もあるが、国家公安委員長も歴任し、独自の情報網で政局をコントロールした実力派幹事長であったことは間違いない。

ジャーナリスト・魚住昭による野中の伝記『差別と権力』のなかに、こうした記述がある。

つまり95年、野中が国家公安委員長だった頃、公明党幹部の藤井富雄都議と後藤忠政・後藤組組長の「密会テープ」の存在を野中広務がどこからか聞きつけた。そのテープには、「(反学会の急先鋒である) 亀井静香のような者は創価学会のためにならない」と後藤組長に話す藤井の姿が映っていた。野中はどこからか入手したそれを見て公明党に揺さぶりをかけ、住専国会で妥協するよう迫ったという流れである。

極秘のはずのテープをなぜ野中が見たのか。このことは、公明党サイドより亀井静香、村上正邦といった自民党幹部にとって衝撃的なことだった。

「野中は何を知っているか分からない男だ」

こうした評判は徐々に永田町に定着し、一部の議員に畏怖されることになる。

00年に小渕が病に倒れた際、密室で次期総理に森喜朗が指名された、いわゆる「5人組」メンバー（野中、森、青木、村上、亀井）にも名を連ねていた野中はその時点で「総理大臣」より上位の政治的実力を持ち合わせていたと言っても過言ではない。

同年の「加藤の乱」では幹事長として巧みに切り崩し工作を行ないクーデターを軽く粉砕。その実力評価はさらに高まった。

自らの被差別体験から、弱者への視線は温かく、政治姿勢はハト派だった。小泉政治を「弱者切り捨て」と批判した。

03年の総裁戦ではポストほしさに小泉におもねる議員を「毒まんじゅうを食らった」と批判。自身は政界を引退したが、その後も永田町には影響力を持ち続けたとされる。

安倍政権崩壊後、麻生を担ぎ出そうとした勢力を潰し、福田政権誕生の演出に一役買ったとまで報道された。

麻生首相とは現在も人間観をめぐり対立したままである。

野中広務の言葉

「麻生政調会長。あなたは大勇会の会合で『野中のような部落出身者を日本の総理にはできないわなあ』とおっしゃった。君のような人間がわが政党の政策をやり、これから大臣ポストについていく。こんなことで人権啓発なんかできようはずがないんだ。私は絶対に許さん！」

▼「今信玄」

寝業立ち業なんでも繰り出す史上最強の「自民党副総裁」

金丸　信

自民党副総裁

氏　　　名　金丸信（かねまるしん）
生年―没年　1914―1996
肩　　　書　自民党副総裁
家族・交流　長男：康信（テレビ山梨社長）
略　　　歴　山梨県生まれ。学生時代は柔道選手として鳴らした。1953年に広瀬久忠の選挙戦を手伝ったことで政治を志し、58年の衆院選で初当選。田中角栄に評価され、第2次田中内閣で入閣。中曽根内閣では幹事長、副総理をつとめる。その後竹下と経世会を立ち上げ田中派から独立。竹下内閣がリクルート事件で失脚後、92年の佐川急便事件で失脚するまでキングメーカーとして永田町に君臨した。

金丸信の故郷・南アルプス市には、お約束の銅像をはじめ、生前金丸が地元に作ったものがたくさん残っている。田中角栄に認められ、自民党中枢へ駆け上っていった金丸は、いわば角栄イズムを受け継ぐ「昭和式」の最後のキングメーカーであり、今後、こうしたキャラクターはおそらく出てこないかもしれない。

柔道選手として鳴らした金丸の発想は、「親分が言うことは絶対」という体育会系が基本であったものの、妥協案をうまく出すことによる問題解決能力（「足して2で割る金丸国対」と評された）に優れており、キレイ事だけでは済まされない政治家としての資質に恵まれていたといえよう。

大嫌いな中曽根康弘が総理になっても幹事長、副総理をつとめ中曽根にその実力を評価されたほか、これまたソリの合わない宮沢喜一を、世論を見て総理に推すなど、主義主張よりも空気を読むことに長けていた政治家であった。

金丸がその隠然たる力を最大に発揮したのは、竹下登が総理の座に就き、自身が経世会会長の座におさまってからの数年間である。金丸も総理の座に意欲がなかったとはいえないだろうが、少なくとも何が何でもといった露骨な動きは見せなかった。このあたりも、自身のキャラクターをよく理解した態度である。ちなみに日本で総理の座を断わったことがあるのは、金丸、伊東正義などごく少数である。

竹下内閣が消費税導入とリクルート事件で崩壊したあとも、宇野、宮沢内閣を仕切り、90年には訪朝し金日成とも会談した。

92年、東京佐川急便からの5億円のヤミ献金が発覚し、金丸の失脚が始まった。この事件で金丸は議員辞職に追い込まれたが、巨悪にメスを入れると思われた東京地検が、フタを開けてみればたった20万円の罰金（政治資金規正法違反容疑）で終わらせたことに国民の怒りが渦巻き、金丸への風当たりは強くなった。

その後国税局が脱税容疑で金丸を追及。93年に逮捕されると、自宅からは「金の延べ棒」など数十億円の不正蓄財が発覚。金丸の時代は完全に終わった。しかし、一連の疑惑追及の過程でも、金丸が一切「秘書」や「側近」のせいにしなかったことを評価する向きもある。それは盟友・竹下登とは異なった態度であった。
その後、金丸の蓄財資金は私的な目的ではなく、近い将来やってくる政界再編に備えた新党準備金であったとの証言が自民党内から上がった。金丸は「永遠のキングメーカー」を目指していたのだろうか。

金丸信の言葉
「民主主義の基本は妥協である」

▼「税の神様」

吉田茂に「こら待て」伝説 税制半世紀のすべてを知る男

山中貞則

自民党税務調査会長

氏　　名　山中貞則（やまなかさだのり）
生年―没年　1921―2004
肩　　書　自民党税務調査会長
略　　歴　鹿児島県出身。台湾国民学校で教職をつとめたあと1946年復員。新聞記者を経て53年衆議院選挙初当選。1958年、大蔵政務次官となったのを機に税制のスペシャリストの道を歩む。1971年、初代沖縄開発庁長官。1979年、自民党税調会長。「インナー」のトップに君臨し「税調のドン」と呼ばれる。90年、消費税導入の逆風により落選。93年に国政復帰した。当選回数17回は最多記録。04年、現職議員のまま肺炎のため死去。世襲を否定し、身内から後継者を出さなかった。

かつて、自民党税務調査会（税調）といえば、総理さえも踏み込めない聖域として知られていた。

日本の税制はすべて一握りの「インナー」と呼ばれる税調メンバーの意向によって決められており、そのトップに長く君臨したのが「テーソク」こと山中貞則であった。税制の改正を行なう政治家には、官僚と伍する専門知識に加え、何より「公平さ」を守ることのできる見識が求められる。

山中は50年にわたり税制を勉強。知識で官僚に負けない実力を身につけながら、税については一切の陳情や取材を受け付けない姿勢を貫き、79年に税調会長となって以降、なにかとまとまりにくい税の問題を自身の「神の声」で片付けてきた。大蔵官僚も、時の総理でさえも山中の出した結論に注文をつけることはタブーとされた。まさに究極の族議員であった。

消費税導入時、いったん5％と決まっていた数字を独断で3％とし、大蔵省幹部を青くさせたが誰も文句は言えなかった。生活保護世帯への配慮を考えての判断だった。

消費税導入により、選挙でまさかの落選を味わったこともある。しかし、必要なことだと信念を説き、次の選挙で鮮やかに返り咲いた。

その人となりも豪快で、数々の伝説を残している。

初当選は1953年だが、1年生議員の分際で総理・吉田茂に突進。「コラ待て！」と吉田を追いかけた。理由は、あいさつしたのに吉田があいさつを返さなかったから。

女性問題を暴かれた宇野総理に対しては「サミットから帰ってきたら首を落とす」。また21世紀に入っても国会でただ一人、中曽根元首相を「中曽根クン」と呼べる男として知られ、総理に就任した小泉も、デフレ対策の先行減税案の「お伺い」を立てるため、平河町の山中事務所を4度も訪問している。

山中の反論を許さない「神の声」は、ある時期まで効率的な政策決定装置として機能した。しかし、山中の死後はその代わりをつとめられるだけの者がおらず、現在の自民税調の存在感は山中時代と比べてまったく薄い。

存在感だけで政治のできた男、山中貞則。晩年、議論がまとまらない際にはよく苦言を呈したという。

「誰かに責任を取れという議論は慎むべきだ」

山中貞則の言葉

「税のことは50年しかやっておりませんので分かりません」

▼昭和最後のドン

耐えてつかんだ総理の座　浪花節キングメーカーの生き様

竹下　登

内閣総理大臣

氏　　名　竹下登（たけしたのぼる）
生年―没年　1924―2000
肩　　書　内閣総理大臣
家族・交流　異母弟：竹下亘（衆院議員）　孫：DAIGO（ミュージシャン）
略　　歴　島根県の造り酒屋の長男として生まれる。父・勇造は元島根県議。早大卒業後、島根県議を経て1958年、衆院選挙に出馬し初当選。1971年、内閣官房長官。85年に創政会を立ち上げ、87年に「経世会」として田中派から独立。1987年、内閣総理大臣。89年のリクルート事件で金庫番の秘書が自殺し、退陣に追い込まれるものの、最大派閥オーナーの実力でその後の政権運営に力を及ぼし続けた。

昭和から平成にかけ、経世会オーナーとして君臨した竹下登。総理在任中はリクルート事件、消費税導入、「ふるさと創生1億円」のばらまき批判などで支持率は常に低空飛行で終わったが、その政治的支配力と支配期間の長さは「キングメーカー」と呼ぶにふさわしいものだった。

官僚エリートでもなく、田中角栄のようなブルパワータイプでもない竹下の「躍進の秘密」は一概には言えぬが、ストレス・逆境に強い忍耐力と、「気配り目配りカネ配り」と言われたマメな性格が、竹下を総理の座に導いた理由であると言われる。事実、オフレコでも竹下が人の悪口を言っているのを聞いた記者はほとんどいない。

性格は慎重で人を怒ることはなかった。総理在任中、回りくどい答弁を指し「言語明瞭、意味不明」と揶揄されたことについて「言葉の選びすぎ、それから、ある意味においては、やっぱりしっぽをつかまれないようにという用心深さが、そうさせたんじゃないかなあ」と答えている。

竹下の最大の危機は、田中派からの独立とリクルート事件であった。

85年に盟友・金丸信らと立ち上げた「創政会」は、田中派からの独立を模索するアドバルーンだった。当初、警戒しながらも容認していた田中角栄だったが、竹下が87年に「経世会」をつくり完全な独立を図ろうとすると、これに怒った田中角栄は竹下を絶縁。同時に右翼団体・皇民党による「ほめ殺し」キャンペーンが展開された。

このとき竹下はじっと攻撃に耐え、田中の目白御殿へ謝罪に出向くも門前払いされるという屈辱を受けながらも、結局は多くの田中派議員をまとめて後継総理の座を勝ち取っている。

消費税導入という、必要ではあるが評価されない仕事を手がけ、損な役回りを演じたが、そんなときも誰かを批判することはなかった。

88年に発覚したリクルート事件では懐刀の「金庫番」青木伊平が自殺。竹下は中央政界入りする前に妻に自殺されるという苦い経験を持っている。だが、かつてと同じように竹下はじっと耐え、自身の政治生命を失うようなことはなかった。

派閥の「数の論理」がまかり通っていた時代。総理の座を下りても、竹下の「院政」は機能し、「竹下七奉行」のメンバーだった橋本龍太郎、小渕恵三内閣を実現させた。

竹下　登の言葉

「老兵は消え去るべきか。平成の語り部として残るべきか。私は一番短い挨拶をするときは、こういう言葉を使うことにしております。話は短く、幸せは長く、選挙はしっかりと。以上でご挨拶を終わります」

▼平成のキングメーカー

森派4連チャンのブッコ抜きでラッキーな「平成キング」に

森 喜朗

内閣総理大臣

氏　　名　森喜朗（もりよしろう）
生年―没年　1937―
肩　　書　内閣総理大臣
家族・交流　祖父：喜平（根上町長）父：茂喜（根上町長）長男：祐喜（石川県議）
略　　歴　石川県生まれ。父・茂喜、祖父・喜平ともに根上町長という政治一家。産経新聞記者を経て1969年、衆議院選挙初当選。清和会に所属し83年、第2次中曽根内閣で文部大臣として初入閣。文教族のホープとなる。00年、脳梗塞で倒れた小渕総理を引き継ぎ総理大臣に。失言続きで1年で退陣するも、自派閥から小泉、安倍、福田と総理大臣を輩出。平成のキングメーカーとして君臨する。

00年5月から08年9月までの長きにわたり、自民党は森派の総理大臣が続いた。近年まれに見る高支持率を維持し続けた小泉政権がその中心だが、森喜朗はこの間、派閥オーナーとして君臨。「平成のキングメーカー」となった。

森自身の総理在任期間は約1年で、「神の国」発言から自身の買春疑惑報道まで、散々な結果に終わった。本来であればそこから「黒幕化」できない成績であったのだが、それをひっくり返したのが小泉純一郎である。

もともと、森内閣時代の00年に起きた加藤の乱の際、ＹＫＫの絆から「小泉は森派を飛び出し加藤につくのではないか」と見る向きは多かったが、小泉は森派にとどまった。ここで森の求心力がひとつ見直された。

その後、総裁に就任した小泉は「自民党をぶっ壊す」とのスローガンで予想外の人気を集め、次第に本格化。05年の郵政解散選挙では圧勝し、小泉の後見人を自認していた森の影響力は自ずと強まることとなった。

森は「自分の言うことさえ聞かない小泉に困惑する派閥オーナー」を演じ続けることで、自民党内の他派閥の不満をガス抜きしつつ、実際には巧妙に「自派閥の隆盛」を目的として行動してきたフシがある。

05年の郵政解散の前、森はわざとらしく缶ビールと乾いたチーズを手に持ちながら報道陣の前に現れ「法案が否決されても解散するなと説得したが無理だった。変人以上だ。このとおり食事も出さない」とぼやいてみせたのはその一例である。森はこの時点で「郵政民営化法案が否決され、総理が解散するなら自分は派閥会長を辞める」とまで宣言していたが、実際そのとおりのシナリオになるとあっさり発言を撤回した。

派閥政治を否定しながら、本質的にはその枠組みをまったく出ていなかったのが小泉政治であったとすれば皮肉な話だが、その後、安倍、福田政権が中途半端な形で政権を投げ出し、小泉が政界引退を表明したことで森の求心力は失墜した。

森は総理経験者であるが、これまで本格的に掘り下げた評伝を書いた著者がいない（自身が書いた自伝はあるが、早稲田大学に裏口入学したなど批判記事のネタ本として利用された）。

国民の関心度の薄さやスケール感の小ささといってしまえばそれまでだが、党三役と総理をすべて経験した森は、「実力を過小評価されている政治家」のひとりであるといえるような気がする。

森　喜朗の言葉

「（郵政選挙で大勝したが）歳費がこれだけもらえて良かったとか言っているおろかな国会議員がたくさんいる。選挙もせずに、ただ名簿に名前だけ入れて当選した人もいる。しっぺ返しがあるような気がしてならない」

▼参議院のドン

竹下登の影武者となった男
寝業と政局のスペシャリスト

青木幹雄

自民党参院幹事長

氏　　名　青木幹雄（あおきみきお）
生年―没年　1934―
肩　　書　自民党参院幹事長
家族・交流　弟：青木文雄（秘書）
略　　歴　島根県大社町の漁師の家に生まれる。早大時代、雄弁会幹事長を務めるが、竹下登の秘書となって大学は中退。その後島根県議会議員となり、竹下の城代家老として活動する。86年に参院議員となり、竹下の黒子となり永田町の実力者に成長していく。竹下派後継者争いでは小渕を支持して参院竹下派を支配するようになる。小渕内閣後の自民党総裁選びでは首相臨時代理として森喜朗を推挙、実力を見せつけた。

衆院では与党自民党が圧倒的多数を占めるが、参院では野党勢力が過半数を占めるという「衆参ねじれ国会」が続き、さすがのドン・青木幹雄も参院自民党議員会長を辞職した。しかし、いまだに後任の会長は青木の前では直立不動、参議院が「ミキオハウス」と呼ばれた名残が続いているという。

中央政界におけるキャリアからいえば、参院当選が4回で20年ほどの議員経験しかない。しかし、その男が「参院のドン」と呼ばれ、陰で小渕政権以後の総裁選びを牛耳ってきたのだ。

永田町のTBRビル4階、かつての竹下登事務所のまさに竹下が座っていたその椅子を奪い取るようにわがもの顔で座ったのが青木幹雄だ。竹下の一介の秘書でしかなかった男の城取りはどのように進められていったのだろうか。

政治家の一番の資質は何かと問われて、「面の皮の厚いこと」という人がいる。誰に何と言われようと、痛痒を感じない、周囲に真っ赤な嘘をつくぐらい平気だという人間でないと大成しないというのだ。この言葉を信じるならば、青木こそその第一条件を見事にクリアしている人間だ。

青木の親分、竹下登は死の直前、病床から引退声明を出しているが、このあたりの演出はすべて青木が取り仕切っていて、竹下の金脈、財産を誰はばかることなく手中にしている。「竹下さんはオレの自由になる。オレが引退しろといえば、引退するさ」と周囲に吹聴していたものだから、竹下派の面々も黙り込むしかなかったという。

さらにひどいのは、小渕総理が突然の脳梗塞で倒れた病床での青木の言動だ。小渕は「過労のため入院」というのも嘘なら、「臨時首相代理の任を受けた」というのも嘘、小渕の病に乗じて権力を誇示した。

さらに「おれと竹下とでつくった派閥をオレが壊して、どこが悪い」と旧竹下派の大勢に反して仇敵清和会出身の小泉純一郎の総裁再選に走った。恥や外聞を気にするようでは政界で覇を唱えることはできないらしい。

08年、福田康夫の後継総裁選の絵を描いたのも青木といわれた。政策論争を演出するため、青木が仕切る津島派をまとめて与謝野馨をバックアップ。自民党の人材難をカモフラージュする小技まで駆使している。

青木幹雄の言葉

「女性は子供を産む機械？　頭のなかで考えただけでもだめだわね」

▼「村上天皇」

「生長の家」をバックとした「武闘派」参議院の天皇
村上正邦
自民党参院議員会長

氏　　名　村上正邦（むらかみまさくに）
生年―没年　1932―
肩　　書　自民党参院幹事長
家族・交流　師匠：玉置和郎（参院議員）
略　　歴　福岡県に生まれる。拓殖大学卒業後、「生長の家」職員を経て「政界の総会屋」と呼ばれた玉置和郎参議院議員の秘書を14年間つとめる。1980年、2回目の参院選出馬で初当選。1992年、宮沢内閣で労働大臣として入閣。95年参院幹事長。00年、小渕総理の後継に森総理を指名した「5人組」との批判を浴びる。同年「KSD」事件が勃発。翌年逮捕され議員辞職。08年、実刑判決が確定した。

村上正邦は、青木幹雄と並び参議院で強い支配力を持った「参院のドン」のひとりである。

国政に初当選した１９８０年当時、村上はかつて所属した宗教団体「生長の家」をバックとしていたことで知られる。その後、同団体が創始者・谷口雅春の死を機に政治に一線を画す方針を打ち出したことで関係は切れ、その後はＫＳＤ（中小企業経営者福祉事業団）を支持母体とした。

村上の師は「元祖参院のドン」「政界の総会屋」と呼ばれた玉置和郎・元参院議員である。村上は玉置の秘書を14年つとめ、その生き様を学んだ。

宗教団体を集票母体とする手法や、困難な種類の党内工作を一手に引き受けることで存在理由を発揮するスタイルはすべて玉置が元祖で、村上が「ドン」と呼ばれるようになったのも、この玉置の直系の後継者と見なされていたことが大きかった。

村上は順調に当選を重ね、92年には労働大臣として初入閣（宮沢内閣）。95年には参院自民党幹事長に登りつめる。当時公安委員長だった野中広務とは折り合いが悪く、世間を騒がせ続けていたオウム真理教にちなんで「アイツは参院の〝尊師〟だ」と揶揄されたこともある。

村上の実力を広く知らしめたのが、00年のいわゆる「5人組」事件。小渕総理が倒れた際、密室で総理が決められた、その「5人組」のうちの1人がこの村上であった（他は森、野中、亀井、青木）。このとき加藤紘一と反目していた村上は積極的に森を担ぎ上げ、主導的役割を果たしたとされる。

しかし、村上のこれ以上の増長を許さぬ勢力があった。直後、「KSD事件」が露呈し、村上の側近議員（生長の家出身の小山隆雄）が逮捕され、村上は証人喚問される。その後逮捕され、08年に実刑判決が確定した。

事件後、村上はジャーナリスト・魚住昭のインタビューにこう答えている。

「私は今度の事件に遭遇して初めて、自分がイメージした国、自分が愛した国家と現実の国家がまったく別物であることに気づかされました。私は現実の国家に裏切られたのかもしれません。
それでもなお私は言いたいんです。私は自分を生み、育ててくれた親を愛し、妻や子どもを愛し、この国を愛していると。国会議事堂は私が愛してやまない、すべての生きがいだったのです」

村上正邦の言葉

「今の2世3世の議員たちを見ていると、憲法改正などやってほしくない。彼らは自民党の世襲制度のなかから出てきた議員たちですから、一般庶民の生活も知らなければ苦労も分からない」

▼「奄美の虎」

あの「自由連合」の風雲児が直面する「病魔」とのたたかい

徳田虎雄

衆議院議員 徳洲会理事長

氏　　名　徳田虎雄（とくだとらお）
生年—没年　1938—
肩　　書　衆議院議員、医療法人徳洲会理事長
家族・交流　次男：毅（衆議院議員）
略　　歴　鹿児島県徳之島に生まれる。大阪大学医学部を卒業後、1973年に銀行から金を借りて「徳田病院」を設立。75年、医療法人徳洲会を設立した。「命の平等」を訴え、全国各地に病院造りを推し進め、その過程で医師会と対立。「医療界の風雲児」と呼ばれた。3度目の挑戦となった1990年の衆議院選挙で初当選。村山内閣で沖縄開発庁政務次官をつとめる。04年ころから筋萎縮性側索硬化症におかされ、05年に政界引退。次男を後継者とする。

裸一貫で奄美諸島（徳之島）から大阪に出て来て、阪大（医学部）を卒業後、直ちに野崎病院（大阪・城東区）を立ち上げ、たった30年ほどで施設数約２６０、医療従事者数約２万５０００人、診療売上総額約２８００億円（世界第３位）というマンモス（特定医療）法人にまで育て、医療界の梟雄ともモンスターともいわれる徳田虎雄。

その彼が医師でありながら、数年前に筋萎縮性側索硬化症候群なる不治の難病に罹り、今では葉山（神奈川）で療養中とは、何とも皮肉というしかない。

しかも、今では四肢はおろか言語までもままならず、付きっきりの秘書が辛うじて彼の発する言葉を聞き取って伝えているにすぎないようだ。

だが、執念の鬼というか、彼は病床で四六時中呻吟しながらも、静岡徳洲会病院など四カ所に総合病院を相次いで立ち上げ、何とブルガリアにまでソフィア病院という総合病院を立ち上げたというのだから、その精神力には驚く以外にない。

徳田をよく知る経済界のある長老がこう語る。

「彼も一時は〝自由連合〟とかの政党、いや、私党を作って、それに徳洲会で得た金の内、何十億だかをまさに湯水のように注ぎ込んだことは間違いない。あれには親しい仲間内の私らでさえ大いに眉を顰めたものだ。あの頃の徳田は、すっかり政治の世界に取りつかれたような顔つきになっていた。ところが、その彼が病を得た後は、全く一転、聖人のように変容してしまったのには驚いた。もし、彼がたとえ半分でも健常な状態だったら、悪名高い後期高齢者医療制度などは、あの途轍もないエネルギーでもってブッ潰していたに違いない。とにかく常日頃から『この国の医療保険制度を悪い方に悪い方に引っ張っているのは、厚生官僚たちと日本医師会のボス連中どもだ！』と言って憚らなかったからな。まだ古希という若さなのに、本当に惜しい人物だよ」

しかし、徳田は夢を見続けようとする意志だけは、まだ働いているようである。

彼の出身校である阪大付属病院（高槻市）に隣接する土地を取得、世界的建築家の安藤忠雄氏に設計を依頼して４００〜５００床の総合病院を09年5月にも着工させるよう、腹心の部下の能宗克行（徳洲グループ事務総長）に号令を発している。

斃れて後、尚、止むことを知らぬ徳田という男は、間違いなく現代のカリスマの一人であろう。

徳田虎雄の言葉

「小医は病を癒し、中医は人を癒し、大医は国を癒す」

「小泉政権」の黒幕たち

大物秘書、実姉から「広報チーム」まで

飯島勲
小泉信子
世耕弘成
松野頼三

小泉総理といえばこの人、**飯島勲**秘書官。1972年以来、30年以上にわたり小泉を支え続け、史上最強の大物秘書、「官邸のラスプーチン」と呼ばれた。

飯島は複数の携帯電話を所有し、記者クラブメンバーはもちろん、夕刊紙や雑誌、フリージャーナリストまでまんべんなく交流。情報のコントロールで小泉政権の支持率を高く維持することに成功した。

その実力と情報網は並みの大臣をはるかに凌ぐといわれ、「飯島の言葉は小泉の言葉」は永田町の定説となっていた。

しかし07年9月に安倍総理が突如退陣を表明した際、小泉再登板を信じ「小泉チルドレン」を招集した飯島に対し小泉は動かず、責任を取る形で飯島は官邸を去った。

飯島のあと、小泉事務所を支配しているのは小泉の実の姉で政策秘書の**小泉信子**で

ある。ほとんど表に出ない信子はまさに飯島以上の「黒幕」で、30年以上前に飯島を「採用」したという大黒幕。小泉の家庭の問題や「カネ」に関する一切を手がけてきたという信子は、唯一、飯島でも頭の上がらなかった人物として、永田町の伝説となっている。

■

小泉劇場を演出した黒幕として、自民党のPRを担当した**世耕弘成**・参院議員をあげることができる。

世耕は祖父が元経企庁長官、父が近畿大学理事長、伯父も元自治大臣という一家。自身はNTTに就職し企業広報のスペシャリストとして活躍していたキャリアを持つ。伯父の死去にともない政界入りすると、自民党マルチメディア局長に就任。電通と組んで最新のイメージ戦略を打ち出し、支持率を最大の武器とした小泉メディア政治の陰の立役者となった。

あの2度にわたる小泉訪朝の際、「決して金正日と握手しても笑顔をつくらないでください」と進言するなど緻密なイメージ戦略で、小泉政権を支えた。

その後、実績を認められ安倍政権では首相補佐官に就任した世耕だが、残念ながらそこでは思った通りの成果を出せなかった。いくら優れた戦略があったとしても、パフォーマーである総理のポテンシャルが低ければ何の意味もないということがバレてしまった形だ。

■

仲間、ブレーンがいないといわれた小泉総理だったが、しばしば指南を受けていたとされるのは、元衆議院議員で総務会長などを歴任した**松野頼三**（06年に死去）である。松野は72年の自民党総裁選で、当時の福田派の多数派工作に関与。田中政権発足後は金脈問題で田中角栄を揺さぶるなど、福田派の軍師的存在だった。

しかし、76年の「三木おろし」の際には三木武夫首相を支持し、福田派から離脱。この時、福田派の中で唯一松野の考え方を支持したのが、当時福田派の「陣笠議員」であった小泉純一郎であったという。

90年の衆院選で落選し、そのまま政界を引退、その後細川護熙首相の政治指南役をつとめていたこともある。

松野は06年に死去。告別式で弔辞を読んだ小泉は「政治の表裏を知り尽くした師匠だった。政局の節目で的確な助言を与えていただき、余人をもって代えがたい政治の指南役でもあった。息子に対するような笑顔で接してくれた。もうお会いできなくなると思うと、哀惜の念に堪えない」と語り、涙を流している。

第四章　指南役

▼昭和史の怪物

岸政権の「密使」をつとめた昭和裏面史の「裏スター」

矢次一夫

国粋主義者

氏　　名　矢次一夫（やつぎかずお）
生年―没年　1899―1983
肩　　書　国家主義者、右翼活動家
略　　歴　大阪に生まれ、幼少期に母をなくし佐賀県で育つ。その後上京し北一輝らがいた「猶存社」を経て、労働争議の調停機関「協調会」に身を置き、ネゴシエーターとしての実力を身につける。戦時中、軍と政財界、労働界を結ぶフィクサーとして暗躍。戦後は、岸政権の密使として親書を手に訪韓するなど、外交面における特務機関請負人として活動し大宅壮一に「昭和史の怪物」と評される。1983年に死去。

矢次一夫の青春時代には謎の空白期間が長い。それは、彼のフィクサーとしての人生に奥行きをもたらしているようにも見える。

佐賀県で人夫や放浪生活を送った後、20歳のころ上京。革命家・北一輝のもとで住み込み生活を送る。その後、１９２１年に「協調会」に入り、25年労働事情調査所を創立して『労働週報』を発刊、野田醤油争議、共同印刷争議、日本楽器争議などの大争議の調停にあたる。

ここで労働界と軍部との間に幅広い人脈をつかみ、33年に統制派の幕僚池田純久少佐と国策の立案に着手した。

第2次世界大戦後、公職追放されたが講和後の53年に国策研究会を再建。政府の外交フィクサーとして暗躍するようになる。

岸政権時代の57年には、個人密使として韓国入り。岸は、3年以上中断していた日韓会談を再開しようと考え、ひそかに矢次に親書を託した。このとき、矢次は李承晩大統領と会談している。

また、最近、韓国で公開された1973年の「金大中事件」などに関する外交機密文書によれば、この事件について日本と韓国が事件の捜査を棚上げした「政治決着」に批判が高まった際、矢次が世論を沈静化させるため拘束中の金氏の保釈を駐日韓国大使に打診、大使が拒否していたとされる。

当時、韓国中央情報部（ＫＣＩＡ）の金炯旭元部長が「事件はＫＣＩＡの犯行」と米議会で証言した。

矢次は、その証言が裏付けられる事態になれば、韓国政府機関が金大中事件と無関係であることを前提とした「政治決着」が崩れ「田中内閣の命取りになりかねない」と考え、金大中の保釈で事態は落ち着くと強調したというものだ。

国粋主義者として活躍した矢次は後に自著で自身の仕事を回想しているが、それによれば、児玉誉士夫や小佐野賢治らのような「カネ」を軸としたフィクサーではなく、もっぱら人脈と交渉術を武器にしたピンポイント型の仕事を手がけていたことが分かる。

かつて、安藤昇に「男の顔は履歴書である」という言葉を贈った評論家の大宅壮一は矢次を「昭和史の怪物」と評論し、「このマスクは彼のこれまでの仕事にまさにうってつけであった。というよりも、こういうマスクをもって生まれてきたところから、彼のような性格、人物、生き方が発生したのかもしれない」と解説している。

矢次一夫の言葉

「純粋な共産主義がないのと同じように純粋な資本主義もない」

▼歴代総理の指南役

一国の総理のあるべき姿を説き続けた国粋主義思想家

四元義隆

三幸建設工業会長

氏　　名　四元義隆（よつもとよしたか）
生年―没年　1908―2004
肩　　書　元三幸建設工業会長、血盟団メンバー
家族・交流　祖父：藤丸良節（維新活動家）
略　　歴　鹿児島県に生まれる。西郷隆盛の祖母は四元家から嫁いでいるので西郷とは血縁関係にある。東大在学中に上杉慎吉主宰の七生会の同人となり、その後井上日召と知り合う。1934年、血盟団事件に連座して懲役15年の実刑判決を受ける。戦後、田中清玄から三幸建設工業の経営を引き受ける一方、歴代総理の指南役として暗躍、政界の黒幕といわれる。中曽根康弘との仲は特に親密であった。

世界経済恐慌の余波を受けて、不況の嵐が吹き荒れた昭和前期、日本社会はテロリズムの時代だったといえる。そんななかで怪僧・井上日召が指導した血盟団事件は、一人一殺を標榜、当時の政財界指導者を震撼させた。

その血盟団に東大生という身で参加、重臣牧野伸顕暗殺を請け負ったのが四元義隆であった。しかし、テロは実行には至らず、事件に関与したということで実刑判決を受けている。

その後の四元は、近衛文麿の書生や鈴木貫太郎の秘書をつとめながら終戦を迎えているが、戦後は歴代内閣の指南役といわれる人生を歩んでいる。終戦時の鈴木貫太郎内閣から中曽根内閣まで長きにわたって、「総理とはこうあるべきだ」という精神論を説いてきたという。一般に言われる黒幕のイメージとは異なり、利権や揉めごとに口を出すようなこともなかった。

しかし、その発言力は絶大だった。かつて突然の退陣を発表し世間を驚かせた細川内閣。細川はその2日前、政財界のパーティーに出席。その場で「退陣」を進言したのがほかならぬ四元であった。

利権方面の黒幕のトップは児玉誉士夫、総理指南の黒幕は安岡正篤というのが政界でささやかれてきた評価だが、四元はこの両者と全くソリが合わなかったという。カネで人を動かそうという発想は四元にはない。

四元が中曽根康弘総理を指導、助言をしてきたのはよく知られている。忙しいなか、谷中の全生庵で座禅を組んでいたのは四元の先導であった。ところが、この中曽根は一方では児玉との関係の深さも知られている。

そこで、中曽根は四元の前では児玉の話はいっさいしなかったという。トップに登りつめるような政治家ともなればしたたかなもの、人との付き合いかたは巧みなものがある。総理をやめたら座禅を組むこともやめてしまった。マスコミ向けのパフォーマンスであったわけだ。

こんな中曽根を見抜いていても、中曽根を成長させて金権政治家の田中角栄を抑えられる実力を付けさせようとした。己をむなしゅうして、国のことだけを考える政治家になってほしいと願っていたそうだ。

四元は総理の資質として3つの条件をあげ、それは「生まれつき人に好かれること」「責任を取りきること」「先が見えること」であった。

日本が良くならなければ、血盟団をやった意味がないと、死ぬまで憂国の情を持ち続けていた「真の国士」。その評価は高い。

四元義隆の言葉

「今の日本には、そのために生き、そのために死んでもいいというものが何もない」

▼「反骨」と「人間愛」
大正生まれの「マルチクリエイター」総理もひれ伏した「歌の凄み」

川内康範

作詞家　作家

氏　　名　川内康範（かわうちこうはん）
生年—没年　1920—2008
肩　　書　作家、作詞家
家族・交流　長男：飯沼春樹（弁護士）娘：彩友美（「まんが日本昔ばなし」プロデューサー）
略　　歴　北海道函館市生まれ。1941（昭和16）年、中河与一主宰の『文芸世紀』に「蟹と詩人」という戯曲を発表し、作家の道へ。小説を書くかたわら、流行歌の詞も書き、政治評論も行なう。戦没者遺骨収集活動に取り組んだことがきっかけで、自民党の有力政治家たちとも親交を深めた。晩年、自ら作詞した「おふくろさん」をめぐり歌手の森進一を断罪、自身の作詞曲を歌わせないと宣言し話題となった。

07年の芸能ニュース「おふくろさん騒動」は記憶に新しい。歌手・森進一が「おふくろさん」の歌詞に独自のアドリブをつけて歌っていたことに対し、森の人間性を断罪する川内康範の姿が、繰り返しワイドショーで放映された。

作詞家としての川内康範は、ヒット流行歌を数多く出している。「誰よりも君を愛す」「骨まで愛して」「伊勢崎町ブルース」、変わったところではアニメ作品「まんが日本昔ばなし」の主題歌もある。

元々作家だが、作詞、映画・テレビのシナリオも書くという大正生まれとは思えないマルチ人物だった。1958年に始まり大ヒットとなったヒーローものテレビシリーズ「月光仮面」も、川内の代表作のひとつである。

一方、川内は政財界のアドバイザーとしての顔も持っていた。政治との関わり合いのきっかけとなったのは、川内が戦後、他に先がけて行なっていた海外抑留日本人の帰国運動や戦没者の遺骨引き揚げ運動である。佐藤栄作に始まり、福田赳夫、鈴木善幸、田中角栄、竹下登、宮沢喜一といった歴代総理とも腹を割って話せる間柄だった。特に、最大派閥の領袖だった竹下登の政治ブレーンをつとめたことで、川内の声はときに自民党全体を動かすまでの影響力を持った。

60年代から70年代にかけて、川内は、左翼メディアから「右翼」と目されることが多かった。

だがそれは愛国的な発言や、戦争への思いを曲解された結果だった。川内は昭和天皇の戦争責任を認める発言もしていて、バランスのとれた国家観を持っている。

川内は生前の三島由紀夫とも知り合いで、三島事件後、最初の追悼集会は主催者に名を連ねたが、3回忌あたりから出席しなくなったという。その理由を、こう述べている。

「(三島の追悼集会に)集まる人たちは確かに三島君を崇拝しているんだが、三島君が残した志というものを、多段階的には理解できていない。(中略)右なら右を見たまま、一直線なんだよ、彼らは。単眼的で、複眼が持てない。僕は真ん中だって、左だって見るからね。それで僕は（彼らと）距離を置いたんです」

84年の「グリコ・森永事件」では犯人グループに対し、私財1億2000万円を提供する代わりに脅迫をやめろと週刊誌上で呼びかけ話題となった。

川内康範の言葉

「生涯助っ人」（戒名にもなった川内の人生のポリシー）

▼政界ナンバー1教祖

陽明学、東洋思想をベースとした自民党の「帝王学」ブレーン

安岡正篤

陽明学者　全国師友協会会長

氏　　名　安岡正篤（やすおかまさひろ）
生年―没年　1898―1983
肩　　書　全国師友協会会長
略　　歴　大阪市中央区に生まれる。幼少の頃より秀才の誉れ高く、東大卒業のときに執筆、出版された『王陽明研究』が大きな評判を呼ぶ。金鶏学院を創立して軍部、華族、革新官僚らの多くに心酔者を得る。中国漢籍に関しての豊富な知識を駆使して池田派「宏池会」の名付け役、年号「平成」の決定に関わったとされる。戦後の1949年、全国師友会を結成して、政財界人の指導に乗り出す。陽明学者としても知られる。1983年、死の1カ月前に細木数子との婚姻騒動が持ち上がったが結局無効となった。

「歴代総理の指南役」といわれているが、安岡正篤はいつも漢学者という風情を漂わせていた。東京帝国大学法学部に学んだエリート。戦前は右翼理論家、陽明学者として若くして名をなし、戦後は政界上層部の指導者として知られた、いわば品格のある黒幕である。

　そんな日本の超ＶＩＰが、晩年にあの細木数子と入籍する騒ぎがあった。得体の知れない占い師と再婚したという大きなスキャンダル――この顛末は週刊誌の格好のネタともなったが、安岡が主宰していた全国師友協会や安岡信者の政財界グループ内では完全に抹殺されている。

占い師・細木数子に安岡正篤という稀代の漢学者のお墨付きがあるかのように世間は思ってしまい、細木は大儲けをしたといわれている。

このことで昭和政界の黒幕の晩年が世間の寂しい老人と変わらないことが知られてしまった。

だが、生涯官位に就くこともなく、一介の素浪人を通した安岡の過去は異彩を放っている。

戦前右翼の教組として知られる北一輝や大川周明でさえ、安岡には一目も二目も置いていた。北は初対面の安岡の印象を「彼こそ王者の師だ」とベタほめしたと伝えられている。

こんな調子で戦前は、近衛文麿から東条英機まで、戦後は吉田茂から中曽根康弘まで歴代総理の指南役として、内閣の奥深く安岡の影がつきまとっていく。

総理の言葉として発せられる施政方針演説はたいてい、安岡の推敲がかかっていたという逸話も残されている。また池田勇人の「宏池会」や「平成」の元号も、この安岡の命名、考案によるものだという。

安岡には、一般にイメージされる黒幕とは異なる宗教的教組のような一面もあったといわれる。たとえば戦前なら陸軍と海軍、戦後なら福田赳夫と田中角栄という相対立する権力の双方を丸め込んでしまう霊力みたいなものを有していた。人事や利害の調整をする単なる政界フィクサーではなかったということだ。

まさに「王者の師」として歴代総理を手なずけていたことを否定する者はいない。安岡の死後、彼のつくった「師友協会」は遺言もあり解散した。生前、安岡は「原木は永久に残すことはできない。原木の形態を無理して残すようなことはするな」と語っていた。

葬儀は岸信介が委員長をつとめ、田中、中曽根、福田、鈴木ら歴代総理がずらりと顔を揃え、２０００人を超える政財界の要人が別れを惜しんだ。

安岡正篤の言葉

「太い筆で細かい字を書く。これが人生を渡る秘訣だ」

▼成功への案内人

一流政財界人をとりこにした「人生の目的」と生きる言葉

中村天風

天風会総裁

氏　　名　中村天風（なかむらてんぷう）
生年―没年　1876―1968
肩　　書　天風会総裁
略　　歴　明治期大蔵省役人の子として東京都に生まれるが、出自は九州柳河藩主立花家の遠縁に当たる。福岡の修猷館中学に入学後、16歳で玄洋社に入社、頭山満の知遇を得る。その後陸軍の軍事探偵として満州に赴く。33歳のとき、アメリカに密航、インドでヨガの修業に励む。帰国後、「統一哲医学会」を設立、大道説法を始める。原敬、東郷平八郎など政財界の有力者が多数入会、「天風会」に発展する。

中村天風。直接に接したことのない者にとってはナゾの多い人物である。戦前、戦後にかけて日本の指導者層に横断的な影響力を持っていた講演家である。

自由奔放に生き、90歳の長寿をまっとうした作家の宇野千代さえ、その魅力に打たれ、自ら天風の座談を本にまとめている。

若い世代には人生の生き方を説き、年長者には健康の大切さや心の安寧を諭す。宗教でも哲学でもない、微妙なところで人間の心理に食い込む叡智を語る。中村天風の著作や講演テープは、今も一部の間では引っ張りだこだという。

安岡正篤も同じようなかたちで日本のエグゼクティブに人気があるが、晩年は怪しげな女性占術師とのスキャンダルに巻き込まれたため、こちらのほうは神秘性という点ではカゲリが目立つ。天風は今なおオーラの上に聳え立つ呪縛性を保持しているようである。

戦前、戦後を通じて政治家でいえば原敬、尾崎行雄、園田直、財界人では浅野総一郎、倉田主税、軍人では東郷平八郎、山本五十六、最近では松下幸之助、稲盛和夫などが天風門下として知られている。このような大物たちは、いったい天風のどこに魅せられていったのだろうか。

天風のこんな言葉がある。「どんな名医や名薬といえども、楽しい、面白い、うれしいというものに勝る効果は絶対ない」。こういう思いが心のなかに生じたとき、健康や運命に絶大な効果を与えると、一流人士の前で滔々と述べる。このなんでもない一言が、天風の口から発せられると、1万カラットの輝きを放つ。何故か。

彼の言葉は、どんな宗教者よりも苛酷な修行を実際の人生という舞台でこなしてきたという深い経験に裏打ちされているからだ。

将来の夢のためにと多くの人が学問や経済活動にまい進する青年期に、世界の方々で命のやり取りも辞さないというギリギリのところで会得した「天風流生きる技術」があったのである。彼は次のような言葉を残している。

「人生の幸福というものを安易な世界に求めてはいけない。言い換えれば無事平穏を幸福の目標としないということである」

中村天風の言葉

「笑顔は万言に勝るインターナショナル・サインである」

▼「黒い画商」

「情報」と「カネ」の交差点
政界と財界の仲介役「画商」

福本邦雄

フジ・インターナショナルアート代表

氏　　名　福本邦雄（ふくもとくにお）
生年―没年　1927―
肩　　書　フジ・インターナショナル・アート代表
略　　歴　父は共産党の理論指導者だった福本和夫。東京大学経済学部卒業後、産経新聞社を経て岸内閣の官房長官・椎名悦三郎の秘書となる。椎名は60年安保当時、デモ対策を児玉誉士夫に依頼した人物。65年、画廊「フジアート」を設立、絵画ビジネスを通じ、情報と政治資金の橋渡し役をするフィクサーに。「三宝会」を主催し政財界の要人と顔をつないだ。「金屏風事件」では屏風の売買の仲介者としてその名が取り沙汰された。00年、中尾栄一元建設大臣の収賄容疑にかかり共犯者として逮捕されるが起訴猶予。

バブル時代、絵画を利用した資金洗浄業者として政界に暗躍、00年に建設大臣の収賄容疑の共犯者として逮捕されたものの起訴されなかった男が福本邦雄である。

父は戦前の共産党指導者だった福本和夫・元京大教授。だが、息子は政権に食い込むフィクサーとなった。

福本の職業は「画商」であった。「定価」のない美術品である絵画を利用し、裏の政治献金を合法化するしくみで、永田町の腕利き「マネーロンダリング屋さん」として長きにわたりその名を轟かせた。

ここに1枚のメモがある。97年に某国会議員が催した誕生祝賀会に、政、官、財、民各界から招かれて出席した人物を記載したものだ。

出席者は本人を含めて62名だから、いわゆるパーティではなかったようで、近しい連中を招いた内輪の会といえよう。

舞台の正面に主賓らの座る席が8名分設えてあり、その左右に14席が2列ずつ縦列に並べられている。つまり、舞台を囲んでコの字型になっているのだ。

そして、主賓の座の左端に当主が座り、白浜一良、与謝野馨、綿貫民輔、青木幹雄、続訓広、藤井富雄らが座ったのだが、実は、その右端に福本邦雄が座っていたのだ。

ついでに下座の席の中から主賓の座に近い位置を占めた連中を紹介しよう。最前列には、大蔵省官房長、同主計局長、運輸省官房長、郵政省事務次官らが並び、次の列には大蔵省主計局次長、同審議官、社会保険庁長官、防衛省防衛局長らが並んでいる。そして3列目に法務省事務次官、同刑事局長、同官房長ら（何れも平成9年当時）が並んでいるが、この3人は何れも後年に検事総長に就いている。

面白いのは報道関係からも、日経、読売、毎日の各新聞社の幹部が招かれていることだ。そして、同席した民間人の中から2名の者が後に土建業界で起きた談合疑惑事件の主謀者として逮捕、起訴されている。いや、それは時系列的に違うではないか、と言われるとそれまでだが、検事総長と被疑者とが席を同じくした誕生祝賀会など、そうざらにある話ではあるまい。

それにしても福本邦雄という男、こうした錚々たる各人を下座に控えさせて、主賓の座る、色、厚さの違った座布団の上で堂々と構えているとは、月並みな言葉だが、何とも空恐ろしい人物である。

福本邦雄の言葉

「財界と政界なんてタヌキとキツネの化かし合い。だけど面白かった」

▼京都のカリスマ

「アメーバ経営」で知られる京都財界重鎮の「生ける伝説」

稲盛和夫

京セラ創業者

氏　　名　稲盛和夫（いなもりかずお）
生年―没年　1932―
肩　　書　稲盛財団理事長、京セラ創業者
家族・交流　妻の父：禹長春（韓国農業の父）
略　　歴　鹿児島県生まれ。鹿児島大学工学部を卒業後、1959年、京セラを設立。社員は8人だった。10年後に株式上場。ファインセラミクスの世界的企業に成長させる。1984年、第二電電（現KDDI）を設立。同年、稲盛財団を設立し、理事長となる。この頃から京都を中心とする若手経営者のカリスマとなる。97年、65歳のとき臨済宗妙心寺派円福寺にて得度。現在は作家活動に加え若手経営者の育成に取り組む。

「京セラ」「第二電電（現ＫＤＤＩ）」の創業者である稲盛和夫は、京都財界のドンである。その経営論に触発され薫陶を受けた経営者が地元はもちろんのこと全国に散らばり、また本人が熱心な民主党支持者で知られることから、単なる経営者を超えた宗教的、政治的存在ということもできる。

稲盛の思想は「経営12カ条」で知られる。すなわち、

一、事業の目的・意義を明確にする
一、具体的な目標を立てる

一、強烈な願望を心に抱く
一、誰にも負けない努力をする
一、売り上げを最大限に伸ばし、経費を最小限に抑える
一、値決めは経営
一、経営は強い意志で決まる
一、燃える闘魂
一、勇気をもって事にあたる
一、常に創造的な仕事をする
一、思いやりの心で誠実に
一、常に明るく前向きに、夢と希望を抱いて素直な心で

である。さらに、京セラ飛躍の原動力となった「アメーバ経営」も、稲盛理論の中核である。それは「会社の組織を『アメーバ』と呼ばれる小集団に分け、社内からリーダーを選び、その経営を任せることで、経営者意識を持つリーダー、共同経営者を育成していくというもの」である。これにより、現場の社員ひとりひとりが主役となり、自主的に経営に参加する「全員参加経営」を実現できるというわけだ。

稲盛の人生観、経営観が中村天風に深く影響されていることはよく知られている。

少年時代に結核を患った際、天風をはじめとする宗教・哲学書を読み漁った経験が、後の経営哲学に大きな影響をあたえている。

昭和の名経営者がこぞって私淑したことで知られる中村天風イズムを、近代風に構成し直したものが稲盛イズムと考えれば分かりやすい。

その言葉や教えは決して独創性に満ちたものではなく、むしろ平凡で誰しもが一度は思ったことのある内容が多い。しかしベンチャービジネスの成功者である稲盛がそれを語るとき、その言葉は共感として広がり、人々に希望と自信を与えるのだろう。

稲盛は「考え方」を大事にし、それを「能力」「熱意」の上位概念に置く。能力と熱意はゼロから100点までの間だが、考え方はマイナス100点から100点までと幅広いからだ。

稲盛和夫の言葉

「楽観的に構想し、悲観的に計画し、楽観的に実行する」

▼「教祖」
ポジティブ・シンキングの元祖 「地域一番店」でブレーク
船井幸雄
船井総合研究所創業者

氏　　名　船井幸雄（ふないゆきお）
生年―没年　1933―
肩　　書　船井総合研究所創業者
略　　歴　大阪府出身。1956年、京都大学農学部を卒業後、1970年船井総合研究所の前身に当たる日本マーケティングセンターを設立。経営コンサルタントに乗り出す。当時の常識を覆す「地域一番店戦略」などがマスコミに取り上げられ、急速にクライアントを増やす。また、プラス思考を基調とする人生論も展開、人間の行動心理について論じた「百匹目の猿現象」は話題になった。大阪の経営・ベンチャーコンサルタントの長老として、関西財界に大きな影響力を持つ。

関西財界で最も有力な経営コンサルタントのひとつ、船井総合研究所は、京都大学農学部出身の船井幸雄が１９７０年に設立した「日本マーケティングセンター」を前身とする。

当時、総会屋と同一視されることも多かった経営コンサルタント業界の中にあって、経営者のあり方と具体的なビジネス戦略を同時に提供する手法で関西財界経営者の心をつかみ、急速にクライアント企業を増やしていった。

現在では「船井教」とも呼ばれるその経営論だが、よく読めば取り立てて変わった主張があるわけでもない。船井のビジネス手腕は、優れた経営論を編み出すことよりも、クライアントを獲得するための営業ノウハウの部分に発揮されたと考えるべきであろう。

船井はメディアへの露出を考え、記事にしやすい、話題になりやすい考え方とフレーズを提示するのがうまかった。

たとえば、船井の名を有名にした「地域一番店戦略」。これは、当時の主流だった「チェーン展開」の反対を行く考え方であったが、「質を守ったほうが結局は成功する」という思想が経営者の共感を集め、船井の看板理論のひとつになった。

また、近年ではベストセラーにもなった「百匹目の猿」現象の提唱がある。農学部出身者らしい船井の着眼であった。

「百匹目の猿」現象とは、今から50年ほど前に宮崎県幸島の猿に実際に起こったという現象である。

猿の群れのうちの1匹が、ある日、エサのイモを川の水で洗って食べることを始めた。すると、ほかの多くの猿たちも、それを真似して同じ行動をとるようになり、その数がしだいに増えて一定量にまで達したとき、遠く離れたほかの土地や島の猿たちもまた、つぎつぎに、イモを水洗いして食べる行動をとり始めたという。

最初の1匹が始めた賢い行動が集団の中に広がって、新しい知恵や行動形態として定着したとき、その行動は、時間や空間を超えて広がるという理論を人間社会にも敷衍したのが「百匹目の猿」理論で、これは経済界のみならず日本中に大きなブームを呼んだ。

現在までに5000社以上の企業が船井のもとから旅立っていったといわれる。近年の船井を「宗教がかっている」と揶揄する向きもあるが、関西に根付く「教祖」の支配力は強固である。

船井幸雄の言葉

「長所や利点を伸ばそう、短所や欠点は消える。真正面から短所や欠点是正に取り組むのは、よいことではない」

▼「炎の行者」

政財界からスポーツ選手まで永田町を徘徊する「謎の高僧」

池口恵観

最福寺法主

氏　　名　池口恵観（いけぐちえかん）
生年―没年　1936―
肩　　書　最福寺法主
家族・交流　信奉者：安倍晋三（総理大臣）
略　　歴　鹿児島県東串良町に生まれる。1957年高野山大学卒業後、真言宗の秘術「百万枚護摩行」を達成したことで知られる高野山の伝燈大阿闍梨で大僧正。臓器移植と宗教観の研究なども高く評価されて、山口大学から医学博士の認定を受けている。67年に最福寺を建立、厳しい苦行連行に裏付けされた法力は、広く内外に知られ、多くの心酔者がいる。弟子筋は、総理大臣経験者からスポーツ選手、作家、経営者など幅広い。

首相官邸に出入りする人たちを新聞の朝刊でチェックしていると、何でこんな人が総理に用事があるのと、疑問に思ってしまう職業の人がいる。芸能人はまだ理解できるが、画商、お坊さんとくれば、つい首を傾げてしまう。

この近年、永田町で話題に上がる宗教関係者としては、池口恵観がダントツである。政界とのとっかかりは、小渕恵三総理が官邸の風水を心配して相談したことからといわれるが、その後も森喜朗、小泉純一郎、安倍晋三と歴代総理と親交を持ち続けた。

とくに安倍晋三が何かと池口を頼りにしたことは、一部マスコミ関係者には知られていた。父・晋太郎の無念を晴らそうと、熱心な支持者が「晋三を総理にしてください」と山口から池口のいる鹿児島まで毎月祈願にやってきたという話も伝わっている。

健康に不安があった安倍を励まし続け、回復祈願をしていた。しかし、この怪僧の霊能のほどは、小渕が脳梗塞に倒れ、安倍が健康を理由に退陣したことで明白なのに、いまだに池口詣でが続いているというからおかしい。

苦しい修業の末、ある種の悟りを開いたなんていう坊主は、それこそ掃いて捨てるほどいるが、戦後初のクーデター未遂事件「三無事件」に加わり逮捕されたなどという坊主はまずいない。このあたりの過激さが、現在の大僧正という地位と大きなギャップがあり、それが一つの魅力となっていると考えられる。

仏教上の立場から人を差別しないという信条を持って、犯罪者などにもやさしく接するというので、右翼民族派グループの間でも大人気だという。池口を慕う人間は、先の政治家以外にプロ野球選手の清原和博、金本知憲などがいる。

また、07年には住吉会系の右翼団体「日本青年社」の総会に出席したことが分かっている。最近、幕僚長の論文問題で話題にのぼった「アパグループ」の元谷夫妻とも親交がある。炎の行者というより、まさに「平成の怪僧」だ。

池口恵観の言葉

「今日一日だけ、と考えよ。一歩を踏み出すことができる」

▼現代のカリスマ

平易な思想で信者をつかむ新宗教の世界のサクセス教祖

大川隆法

「幸福の科学」総裁

氏　　名　大川隆法（おおかわりゅうほう）
生年－没年　1956－
肩　　書　幸福の科学総裁
家族・交流　父：善川三朗（幸福の科学名誉顧問）妻：きょう子（総裁補佐）
略　　歴　徳島県吉野川市に生まれる。東大卒業後、商社トーメンに入社。ニューヨーク勤務中に外国為替理論などを学ぶ。85年に『日蓮の霊言』を出版後、東京・西荻窪に「幸福の科学」を設立、91年に宗教法人の許可を得る。GLAを起こした高橋信次に影響をうけた「霊言」と生長の家の谷口雅春の手法をならった出版活動で、信者を拡大していった。戦後2度目といわれる新宗教ブームの立役者となる。

一時は会員数500万人と豪語した宗教団体「幸福の科学」の総裁である。さぞや常勝将軍の自信満々の教組と考えがちだが、その足跡を見るとけっこう挫折の道を歩んでいる。

東大卒のエリート商社出身ということで高偏差値教団といわれるが、本人は一浪しての東大。司法試験にも挑戦するが、不合格となり、大学院進学をあきらめたという青春時代を過ごしている。

商社トーメン時代から詩集をつくって配布するなどすでに宗教者としての萌芽が見える。同社を退社後、「幸福の科学」を設立。宗教法人と認可される前の85年頃から次々と出版された『○○の霊言集』というタイトルを付けた本が若者を中心に読まれるようになった。

○○の部分には、日蓮、キリスト、ブッダから出口王仁三郎、坂本竜馬まで歴史上の偉人がずらり並ぶ。

団体の名前が一般層にも広く知られるようになったのは、91年に起きた雑誌『フライデー』への抗議行動である。

そのエキセントリックとも思える信者たちの抗議方法もさることながら、直木賞作家の景山民夫、女優の小川知子らが拳を振り上げて抗議する映像がテレビで流され、お茶の間にショックを与えた。

その後、オウム真理教問題が勃発した際には「一緒にされる」といわんばかりにオウムを攻撃。それでも麻原彰晃と何かと比較されることが多かったが、かたや滑稽なほど超能力者ぶった教組で反社会的事件を起こし死刑を待つ身、一方の大川は健在である。

一見、穏やかな古い道徳を散りばめたような説法が急成長を促した。自身をブッダの生まれ変わりと宣言、釈迦大如来なるものを本尊に、愛、知、反省、発展を「現代の四正道」とし、これを幸福の原理と言っている。

大川の言葉を紹介しよう。

「永遠の生命という視点に立つ時、恐れるものは何ひとつ無いのです」（『永遠の仏陀』）
「不幸を感じ取る能力をいくら磨いたところで、人間は決して幸福にはなれません」（『幸福への方法』）
「幸福の科学」には政治的性向が薄いと思われていたが、09年5月に「幸福実現党」を設立。まだ国会に代表を送り込むだけの信者数はないと見られるが、現存する新宗教のなかでは最も有力な組織のひとつであることは間違いない。

大川隆法の言葉

「いつ燃え尽きてもよいので、やれるだけの仕事をやり続けるという気持ちが大事です」

「黒幕女」列伝
権力と男を操った「魔性の女」の系譜

男社会のなかにそっと入り込み、「日本を動かす男」を動かすようになった女たち。その数奇な生涯を振り返る。

藤田小女姫
細木数子
根本七保子
田村順子
小泉信子
佐藤昭子

「占い師」

古今東西、経営者や政治家は占いをよく信じる傾向がある。

孤独と決断を一手に引き受ける彼らにとって、それはせめてもの心のよりどころであるのかもしれないが、過去の女性占い師の中には政権の中枢にまで意見するような「大物」も登場する。

藤田小女姫（ふじたことめ・1938―1994）は、昭和の政財界に大きな影響力を持った霊感占い師である。

福岡県に生まれ、幼くして両親が離婚。9歳で「霊感美少女」として取り上げられ脚光を浴びる。フジサンケイグループの創始者水野成夫にかわいがられ、当時からサンケイ新聞のビルの一室を貸与されていたという。

「産業経済新聞」を「サンケイ新聞」と社名変更させたり、また「キッコーマン」の屋号を考案したのも彼女であったといわれる。

その後、本格的に「予言力」を持つ女性占い師として活動を開始。テレビの人気者となり、岸信介、松下幸之助、小佐野賢治といった政財界の大物たちをずらり顧客とし「戦後最大の占い師」と話題となった。

未来を見通す霊感で、安保成立や（今上）天皇のご成婚などを言い当てたといわれ、50年代から60年代は「日本の政治を動かす女」として内外からマークされたこともある。

しかし、自身の離婚や、経営していたサウナが火事に見舞われたことなどから「インチキ霊能者」とのバッシングが巻き起こり、その後ハワイに移住する。

そして94年、息子の友人であった福迫雷太（当時28歳）に殺害されるという悲劇的な事件が起きてしまう。几帳面につけていたという「顧客ノート」は発見されず、謎のままである。

細木数子（１９３８―）もまた、裏社会とのパイプを持つ大物占い師である。20歳で銀座にクラブを開き、水商売や芸能ビジネスに深く関わるなど、細木の青春時代は謎めいている。

１９８３年、銀座のママ時代に細木は政財界に力を及ぼす陽明学者の安岡正篤と婚約し、話題となった。しかしすでに安岡は85歳と高齢で、遺産狙いの結婚ではないかとの疑惑も噴出。安岡はその1カ月後に死去し、遺族との裁判の結果、婚姻は無効とされた。

その後「六星占術」が大ベストセラーになり、一気に日本を代表する有名占術家となった細木は、自民党有力議員や大物演歌歌手、有名スポーツ選手とのコネクションを構築し、自身のカリスマ性を高めていく。

03年頃から頻繁にテレビ出演をこなし高視聴率を取るようになったが、当たらない予言やぞんざいな態度に批判の声があがった。またジャーナリスト・溝口敦氏の手による自身に批判的な週刊誌記事に対し、暴力団を使って圧力をかけたとして裁判沙汰にもなった。その後、プッツリとテレビからは遠ざかっている。

「美貌」ママ

美女に男が狂うのは古今東西の歴史が証明していることだが、戦後日本人女性で最もダイナミックに権力の懐に入り込んだ女性、といえばデヴィ夫人こと**根本七保子**（1940—）があげられるだろう。

最近のデヴィ夫人しか知らない人にとってはただのバタ臭い（失礼）おばさんにし

か見えないであろうが、若い頃は写真の通り「東洋の真珠」と呼ばれる美貌だった。

高校中退後、赤坂のクラブ「コパカバーナ」のホステスとなった根本は1959年、東日貿易の秘書としてインドネシアのスカルノ大統領のもとへ送り込まれる。これは、インドネシアの資源に目を付けた商社・丸紅とフィクサー・児玉誉士夫が深く関わっていたとされ、根本はスカルノ大統領への「贈り物」だったという説が定着している。62年、根本はスカルノ大統領と結婚しデヴィ夫人となったが、65年の軍事クーデターにより、スカルノは失脚。その後フランスに亡命したデヴィ夫人は日本に帰国後、タレント業のかたわらジャーナリスティックな発言者としてメディアに登場している。

そのデヴィ夫人がライバル心からなのか口汚く罵っているのが、銀座の顔として知られるクラブ「順子」経営者の**田村順子ママ**（1941―）である。

東京・豊島区生まれ。東洋女子学園高卒業後、OL、モデルを経て22歳で山口洋子さん経営のクラブ「姫」に入店。24歳で独立した。史上最年少ママとして「クラブ順子」開店。74年に俳優の和田浩治と結婚したが86年、和田が胃がんで死去。写真集出版や女優活動の経験もある。

銀座に店を構えて40年以上。政財界の重鎮が顔を出す店として知られ、さまざまな情報が交錯するこのクラブの中ではしばしば日本を動かすような「夜の政治」が行なわれてきた。

メディアも情報ステーションとしての「順子」には一目置いており、特に安倍晋三元総理が官房長官時代、北朝鮮とギリギリの外交戦争を繰り広げた時代には、「北朝鮮のことを知りたければ順子へ行け」が合言葉だった時期もある。

権力者の「側近」

日本の戦後史において、総理総裁の「本妻」＝ファーストレディが夫に代わり政治を動かしたという実例はない。アメリカのヒラリー・クリントンのようなスーパーレディは「雌鶏鳴いて国滅ぶ」といわれる日本の政治風土に合わないのかもしれないが、歴史の必然を思えば近い将来必ずや「女性総理」が誕生することだろう。

総理の側近として権力を持った女性となると、代表的なのは小泉元総理の姉、**小泉信子**（1938―）や田中角栄の金庫番といわれた**佐藤昭子**（1928―）である。

小泉信子は、総理の政策秘書として隠然たる力を持ち、官邸の女帝と呼ばれた。総理大臣を人のいないところでは「ジュン」と呼ぶ。政策判断にも意見する文字通りの黒幕である。

信子は小泉首相の父、純也が防衛庁長官に就任した1964年、26歳で女性初の大臣秘書官をつとめている。そこからのキャリアとなれば、あの飯島勲秘書官とて頭が上がらない。

一度も取材は受けたことがなく、事務所の金庫はすべて管理する。

伝説的なエピソードが「物干し台事件」。新首相公邸（05年完成）の設計図を官邸関係者が信子のもとに届けたところ、説明を受けた信子は軒先の部分を指差し「これでは私が洗濯物を干す場所がない」と指摘。すぐ設計変更が行なわれたというものだ。妻と離婚して以降、独身を貫く小泉総理の母代わりでもあった信子の「権力」。何人かのジャーナリストがその謎に迫ったがブ厚いベールは最後まではぎ取られることはなかった。

田中角栄の秘書佐藤昭子は「越山会の女王」と呼ばれた女性。田中角栄との間に一女をもうけたとされているが、正式に認知されてはいない。

新潟県柏崎市に生まれ、１９４６年、選挙活動の手伝いをしていたところを角栄に見込まれ52年に秘書となった。

平河町ビルの中にあった田中角栄の個人事務所におけるその権限は絶対的で、田中派の人事にも大きく関与。田中派若手議員の教育係でもあり、「ママ」と慕われる存在であったが、角栄の死後、娘の真紀子と対立し、事務所を追われた。

第五章　右翼と左翼

▼「無謬の黒幕」

GHQ内部闘争に食い込み時の政権を牛耳った「室町将軍」

三浦義一

右翼活動家

氏　　名　三浦義一（みうらぎいち）
生年―没年　1898―1971
肩　　書　右翼活動家
家族・交流　父：数平（衆議院議員）
略　　歴　大分県出身。早大予科に進み、北原白秋の門下生となる。国家主義運動を開始後の1932年「大亜義盟」を創立。39年、政友会革新派総裁狙撃事件で逮捕される。大分市長から衆議院議員になった父の人脈で政界とのパイプを持ち、1948年の昭和電工疑獄事件でGHQ内部のG2と強力なコネをつくる。戦後は事務所の場所を指し「室町天皇」と呼ばれ、吉田内閣の黒幕として暗躍した。

三浦義一の父・数平は大分市長から衆議院議員となった政治家であった。

若くして右翼活動に目覚めた三浦は、戦前から戦後にかけ、米軍の内部事情に通じながらうまくその力を利用し自身を大きく見せた男だった。

1932年「大亜義盟」を結成後は、「虎屋事件」「益田孝不敬糾弾事件」「中島知久平狙撃事件」などを次々と起こし、3事件の罪により懲役2年の判決を受けている。

だが戦後、公職追放中だった三浦にラッキーなチャンスがめぐってくる。

1948年、昭和電工疑獄事件が発覚する。この事件は、復興資金として復興金融金庫からの融資を得るために、「昭和電工」社長が政府高官や政府金融機関幹部と贈収賄を行なったというものである。

　収賄側としてGHQの下で日本の民主化を進める「民政局」（GS）のケーディス大佐ら高官の名前が取り沙汰され、ケーディスは失脚。

　その裏にGSのライバルで反共工作を行なっていた「情報部」（G2）のウィロビー少将がいた。

　つまりこの事件は、占領政策をめぐるGHQ内部の対立事件であったわけである。

　そこに目ざとく食い込んだのが三浦だった。

　三浦はGSを潰すための情報をG2に送り続け、その結果勝ち残ったG2に深いコネクションを持つようになった。

　米軍コネクションを被いまとった三浦は、日本橋・室町に事務所をかまえ、フィクサーとして暗躍。

　特に親戚関係にあった日銀総裁・一万田尚登とは親密だった。

　インフレ経済下で絶大な権力を握っていた日銀総裁・一万田は「法王」と呼ばれるほどの存在であったがその日銀総裁を「万ちゃん」と気軽に呼ぶ三浦の姿に、人は畏怖したという。

　三浦にはあの「下山事件」に関与したのではないかという説も根強くある。

　戦後の混乱期、下山国鉄総裁が謎の轢死体で見つかった事件。自殺か他殺かをめぐりいまも議論があり、他殺説の有力なストーリーに「GHQ陰謀説」がある。
真相は明らかになっていないが、少なくともそれは、GHQ内部と深く通じていた三浦が、暴力性を兼ね備えた存在であり「人間1人くらい消すことはありうる」と思われていた証しであろう。

三浦義一の言葉

「オレのやったことで書き残すに値するようなことはひとつもない」

▼最後の黒幕

「黒幕」たちをすべて知る戦後裏面史の最後の証人

西山廣喜

右翼活動家　日本政治文化研究所理事長

氏　　名　西山廣喜（にしやまこうき）
生年—没年　1923—2005
肩　　書　右翼活動家、日本政治文化研究所理事長
家族・交流　師匠：三浦義一（右翼）
略　　歴　宮崎県出身。戦後、部落解放の父、松本治一郎に師事。また、大物右翼・三浦義一と知り合い、三浦の懐刀である関山義人の下で働く。1961年、「昭和維新連盟」を結成し、初代会長に就任。その後、政財界のパイプ役を果たす。晩年、「最後の黒幕」として何度かメディアの取材を受けている。児玉誉士夫、木島力也（総会屋）と親交が深かった。05年に肝臓がんのため死去。

05年に81歳で死去した西山廣喜は、晩年、「最後の黒幕」と呼ばれた。三浦義一、松本治一郎、児玉誉士夫、小佐野賢治、木島力也といった昭和の「裏の実力者」たちのほとんどと深い付き合いがあり、なおかつ健在である人物が西山だけになってしまったからである。

西山の事務所は、千代田区内幸町の富国生命ビルの中にあった。「フコクの先生」と呼べば、それは彼らの世界で西山を指していた。

西山の師匠にあたるのが、戦後ＧＨＱに食い込み暗躍した三浦義一である。

１９６１年に右翼団体「昭和維新同盟」を設立した西山は総会屋の仕事を覚え、次第に財界に顔の利《き》く存在となっていった。同じ頃上京し、西山を慕っていたのが後に総会屋の大元締めとなる木島力也である。この西山、木島、そして雑誌『流動』を主宰していた岡村吾一。この3人は児玉誉士夫門下「三羽ガラス」と呼ばれた。

当時の総会屋にとって「児玉」の名前を出せることは非常に大きな力だった。たとえ企業に相手にされなかったとしても、

「私はいいですよ。しかし児玉先生にこんな報告はできないな」

と言えば、相手は必ず、

「児玉先生を知っているんですか。それなら、もう1回話し合いませんか？」

となったからである。

西山は、野村證券の瀬川美能留社長に食い込んでいたことで知られた。本人は次のように語っている。

「瀬川美能留社長と児玉先生は息がぴったりだった。僕も児玉先生に瀬川さんを紹介してもらってね。それから盆暮れに児玉先生から『これ、瀬川さんから』と新聞紙に巻いた弁当箱ぐらいの厚さの金をもらったよ。暮れは300万円、盆に200万円、児玉先生経由だったり、野村の総務部長が持ってくることもあった」（『現代』97年8月号）

西山はまた、右翼団体「日本青年社」の顧問をつとめたことでも知られた。児玉誉

士夫は、ロッキード事件に見られるよう、経済行為の当事者として金を稼いだのに対し、西山の仕事は「トラブル処理」「顧問料」といった守護神型だったところに特徴がある。

死の2年前、テレビのインタビューを受けた西山は「もう引退した。政治が堕落しているから」と語った。

西山廣喜の言葉

「小池のことばかり問題にしていたらダメだね。問題は政界中枢だよ」

▼数寄屋橋の帝王

テロを胸に秘めた行動右翼 辻説法に生きた91年の生涯

赤尾　敏

大日本愛国党総裁

氏　　名　赤尾　敏（あかおびん）
生年―没年　1899―1990
肩　　書　大日本愛国党総裁
略　　歴　愛知県名古屋市生まれ。旧制愛知三中卒業後、20代前半まで社会主義運動に参加していたが右翼思想に転向し、建国会に活動の場を移す。43歳のとき、国政選挙に立候補し、当選を果たす。戦後、GHQに公職追放されるが、大日本愛国党を創設し、国体護持・反共愛国・親米を訴え、一般的に「右翼」の代名詞的存在となる。戦後の選挙にも何度となく立候補したが、いずれも落選。昭和天皇崩御の翌年、91歳で死去。

90年代半ばぐらいまで、街のあちこちの電柱や壁面に貼られていた大日本愛国党のビラ。レトロな雰囲気のデザインで、「自民党粛正」や「日米同盟強化せよ」といった文字が躍っていた。

また、銀座・数寄屋橋の街頭では赤尾敏の「辻説法」が、ある種の名物となっていた。

昭和の戦後においては、「右翼イコール赤尾敏・愛国党」というイメージが強かった。

それだけの知名度を得られた背景に、激烈な口調でまくしたてる赤尾のキャラクターがあるのは当然だ。だが、それと同時に世間に強烈なインパクトを与えた2つのテロ事件との微妙な関わりを見逃すことはできない。

それはすなわち、60年の「社会党委員長・浅沼稲次郎刺殺事件」と、61年の「嶋中事件」である。

赤尾は、この2つのテロ事件の黒幕ではなかったのかと疑われることになった。どちらの事件も、愛国党に籍を置いたことがある17歳の少年が起こしたものだったからである。

「浅沼刺殺事件」を起こした山口二矢（やまぐち・おとや）は、世間の気風が共産主義・社会主義革命の方向へ動いていることに危機感を感じていた。そしてそうした主義を持つ政党のリーダーである浅沼委員長を演壇上で刺殺するに至った。

しかし、少年鑑別所で自殺。

また、「嶋中事件」を起こした小森一孝は、深沢七郎の小説『風流夢譚』の内容が天皇家に対して不敬であるとして、中央公論社の嶋中鵬二社長宅に乗り込んだが、社長は不在だったため、お手伝いさんを刃物で殺害してしまった。

これらのテロ事件が世間に与えた影響は大きく、実行犯の背後にいるかもしれないと疑われた赤尾敏と愛国党の存在に注目が集まった。

しかし、赤尾が黒幕であったという具体的証拠はなく、結局はそれぞれの少年による単独犯行であるということになった。

とはいえ、愛国党本部聖堂には、「浅沼刺殺事件」を起こした山口二矢のデスマスクが飾られ、「烈士　山口二矢　辞世　国のため　神洲男児晴れやかに　ほほえみ行かん　死出の旅路へ　大君に　仕えまつれる　若人は　今も昔も　心かわらじ」という書が貼られていた。

2つのテロ事件が、赤尾敏・愛国党という存在を〝右翼〟の代名詞のようにさせたともいえるだろう。

赤尾　敏の言葉

「国会議員は国民に選ばれた代表なのだから、どこにいてもわかるように、ローマの元老院のような白いローブを着るべきだ」

▼憂国のカリスマ

朝日新聞社内で衝撃の拳銃自殺
激しすぎた新右翼のイデオローグ

野村秋介

新右翼　民族派運動家

氏　　名　野村秋介（のむらしゅうすけ）
生年―没年　1935―1993
肩　　書　民族派運動家
略　　歴　東京生まれの横浜育ち。戦後の匂いを残す昭和30年代、横浜で愚連隊となり任侠道に触れる。そこから右翼民族派思想に目覚め、一連の運動へと結びつく。1963年、河野一郎邸焼き討ち事件を起こし、懲役12年の判決を受ける。また、出所後の1977年に経団連籠城事件を起こし、再度懲役6年の実刑判決を受ける。服役を終えて出てきた80年代、一水会の鈴木邦男らと並び「新右翼」論客として脚光を浴びる。93年、朝日新聞社で拳銃自決。

東京生まれ・横浜育ちという生い立ちは、野村秋介のキャラクターと切っても切り離せない。都会っ子意識は、彼の思想における「ダンディズム」に強い影響を与えた。

ヴェルサーチを着こなし、スマートに民族派思想を訴えるスタイルは、それまでの右翼イメージを一新した。80年代、野村秋介という目新しい「右翼」の存在に、興味を引かれた者は少なくない。見た目から大衆に訴えかけるというところにも「新右翼」らしさがあった。

新右翼は反米・反安保・環境問題への視点など、それまでの右翼の主張にはあまり見られなかった思想を訴えていた。結論として新左翼と同じ主張につながる点について、従来の右翼内部からの批判もあった。

1963年、野村は政治家・河野一郎邸に押し入りガソリンをまき、拳銃を発射。燃え上がった炎で邸宅は全焼することとなり、懲役12年の実刑判決を受けた。世に言う「河野邸焼き討ち事件」である。

この事件の背景には、児玉誉士夫の存在があった。河野と親しかった児玉は、右翼のクレーム処理を引き受けることもしばしばあった。野村は当時、右翼世界に圧倒的な影響力を持っていた児玉誉士夫にすら挑みかかったのだ。

出所後の1977年、42歳の野村は、武装して経団連に立てこもり、経済至上主義批判をした。これでまた6年服役。

2度の直接行動のあとは、言論活動に力点を置いた。

現在、野村秋介の筆頭門下生である蜷川正大・二十一世紀書院代表は、一般マスメディアと民族派の間に立つ重鎮としてよく知られている。「言葉」を大切にしたコミュニケーションを重んじた野村秋介の教えはここに息づいている。

また、生まれつき障害を抱えながらも民族派・右翼活動家として知られる長谷川光良は、野村秋介の思い出をこう述懐している。

「昔、女の子と私が一緒にいたとき、『光良、これで彼女と飲んでこいよ』とパッと万札を5枚出す、そういうダンディなところがあった。それから『民族派として福祉をテーマにしろよ』とも言ってくれた。そういう発想は、野村先生ならではじゃないかな」

野村は93年、58歳のとき、批判対象だった朝日新聞社で拳銃自決した。「私の闘いの人生もこの辺が潮時だろう」と遺書に記していた。

野村秋介の言葉

「天皇弥栄（すめらみこといやさか）」（自決直前の最後の言葉）

▼「赤報隊」と疑われた男

「赤報隊事件の黒幕」と公安が最後までマークした男

鈴木邦男

一水会最高顧問

氏　　名　鈴木邦男（すずきくにお）
生年—没年　1943—
肩　　書　一水会最高顧問
略　　歴　福島県生まれ。左翼運動が激しい時代に早大政経学部へ入学。少数派だった右翼・民族派運動に取り組み、全国学生自治体連絡協議会初代委員長となる。67年に早大卒業後、産経新聞に勤務。72年、四宮正貴・阿部勉・犬塚博英らと「一水会」を創設。73年に産経新聞退社。左翼を理解しつつも日本の伝統を守ろうとする思想の新しさが注目され、野村秋介らと並び「新右翼」と称される（名づけたのは作家の猪野健治）。プロレス・格闘技評論家としての顔もある。

鈴木邦男は、右翼の肉体言語メッセージともいえる「テロリズム」を否定したことで知られる。

鈴木自身が左翼・新左翼と対立していた時代には、本人も武装衝突していた。だがのちに、右翼の言論がメディアに担保されるようになったという理由で、テロを否定した。

これを、「一水会」の二代目代表となった木村三浩はこう分析した。

「実は鈴木さんほど、テロの素質のある人はいない。だからこそ自分にタガをはめているんでしょう」

その一方、鈴木邦男は、木村三浩の出版パーティの壇上でマイクに向かってこう語った。

「木村君のことを、僕の弟子だと言う方もいます。でも、実は初めて会ったときから、すでに彼は立派な民族派の活動家だったんです」

穏やかな人あたりだけでなく、後輩を立てる配慮・度量がある。そんな鈴木邦男を慕って、右翼・左翼を問わず人が集まってくる。これは、黒幕の素質のひとつにほかならない。

だが、温厚さだけを鵜呑みにしてしまっていいものだろうか。

87年、マスメディアを震撼させる事件が勃発する。それは「赤報隊事件」と名づけられた。

朝日新聞阪神支局に、目出し帽をかぶった男が現れ、犬飼記者・小尻記者の2人を散弾銃で撃った。犬飼記者は全治3カ月の重傷を負い、小尻記者は死亡というやりきれぬ結末。

左翼的な言論スタンスの朝日新聞を、テロのターゲットにしたのは明白だった。のちに出された声明文で、犯人は「赤報隊」を名乗る。

鈴木邦男はこの事件の黒幕と疑われ、公安警察からマークが入った。だが、証拠は出てこない。鈴木がテロを否定しているといっても、実は表向きだけではなかったのか…という公安の疑念にも理はある。自首する旧右翼と違い、新右翼は、新左翼的な匿名犯罪を必ずしも否定していない。

事件後、真犯人についてサジェストする文章も、鈴木は書いている。鈴木が赤報隊事件に関わっていないと言い切れる根拠もない。穏やかな笑顔の裏側には、激しい武装闘争を経てきた民族派思想家の冷酷さがあるかもしれない。思想に殉ずるということは、そうした二面性をも包摂するものである。

赤報隊事件はすでに時効を迎えている。真相が明らかになる日は、いつのことだろうか。

鈴木邦男の言葉

「言論活動の場があれば右も左もなくなる」

▼「平成怪女」

フジモリ元大統領と電撃婚「ホテル女社長」の謎の過去

片岡都美

ホテルプリンセスガーデン社長

氏　　名　片岡都美（かたおかさとみ）
生年一没年　1965―
肩　　書　ホテルプリンセスガーデン社長
家族・交流　夫：アルベルト・フジモリ（ペルー元大統領）
略　　歴　岐阜県多治見市生まれ。中学校卒業後に渡米、ロサンゼルスで語学学校に通いながらアルバイトで生計を立てる。86年に帰国、91年よりホテル再建を任される。06年にペルー元大統領のフジモリ氏と結婚し話題を呼ぶ。『武士道、ここに甦り』などの著書があり、靖国神社移転反対運動にも参加。08年、週刊誌沙汰になった宿泊代未払い外務官僚との「愛」をデヴィ夫人に暴露されるが、本人は事実関係を否定している。

06年4月、大統領選を控えたペルーで、フジモリ元大統領と日本人女性が結婚したというニュースが大きく報道された。

女性の名は片岡都美。目黒のプリンセスガーデンホテルを経営する実業家だ。01年より日本で事実上の亡命生活を送っていたフジモリ大統領の支援者として一部には知られた存在だったが、その謎だらけの人生を覗いてみよう。

この結婚の前に片岡の名が新聞に取り沙汰されたのは03年秋のこと。片岡が経営する岐阜県のゴルフクラブ「美濃カントリークラブ」が名古屋国税局の税務調査を受け、5億円以上の所得隠しが見つかったというもの。

片岡の叔父は安璋煥といい、暴力団関係者などへの不正融資で95年に破綻した岐阜商銀の理事長だった人物だ。暴力団組長らに無謀な融資を繰り返し、背任罪で94年に懲役3年、執行猶予5年の判決を受けている。安璋煥は田中森一、許永中といったイトマン・石橋産業事件系の登場人物とも親しい。まさに裏と表のリボルヴィング・ドアといった感がある。

片岡は中学卒業後に渡米し、ロサンゼルスの高級クラブで働き、政財界や外交関係者の人脈を作ったとされる。帰国後は政治活動も顕著で、武士道や靖国神社護持など憂国の論陣を張るが、そのバックに「何か」が見えているのは明らかだ。フジモリ元大統領と結婚した理由を問われると、

「これは義理と人情の世界。困っているときに助けるのが人の道」

と実に義侠心あふれるコメントである。

だが、08年になってまた不可解なニュースが駆け巡った。

外務省の幹部官僚が片岡の経営するホテルに長きにわたって宿泊したうえ、代金約1500万円以上を支払わないため、片岡が法的措置に出るという話が週刊誌に報道されたのである。

ところがその後、なぜかデヴィ夫人が「外務官僚と片岡氏は愛し合っていたのにおかしい」とブログで暴露したのである。しかもわざわざ「ホテル・プリンセス・ガー

デンはミステリアスなところ」とし、片岡の周辺で何人もの人間が不審な死を遂げたり失踪していることまで付け加えているのだ。

果たして、デヴィ夫人の指摘するとおり片岡の狙いは「フジモリの隠し財産狙い」なのか、それとも……

片岡都美の言葉

「日本人の血の中に流れている大和魂というＤＮＡは靖国神社に参拝することで目覚め、甦るのです」

「左翼」の黒幕というパラドックス

君臨すれど権力ナシ……

重信房子
黒田寛一
松崎明
岡留安則
宮崎学

「右翼」や「保守」の世界に政権を動かす黒幕はいても、反体制活動家が総理大臣を支配することはありえない。

しかし「左翼」という思想や活動のなかでのカリスマ、指導者はもちろんいる。また彼らはその性質上、目立つことを好まないことが多い。

■

かつて「日本赤軍」の最高幹部として君臨した**重信房子**（1945―）が逮捕されてからはや8年が経過した。08年現在、まだ上告審が続いているものの、20年程度の実刑が確実視されている。すでに還暦を過ぎた彼女が「シャバ」に復帰できるかは保証の限りではないという状況だ。

重信の父・末夫は「血盟団」に属した右翼活動家だったことで知られている。

東京都に生まれた重信房子は、明治大学入学後、学生運動と出会う。

革命を胸に71年日本を出国。パレスチナに渡り日本赤軍を結成。70年代に数々のテロ事件を計画し、実行した。

しかし一般の日本人にとって重信とは、何よりも「美人」であった。かつて街なかに貼られた日本赤軍の指名手配ポスターのなかで、凶悪な顔立ちの男たちに混じり、どこか優しさをたたえた重信の笑顔が写っていた。誰もが言った。

「こんな女がテロを起こすのか」

だからこそ、00年、日本に潜伏していた重信の逮捕に衝撃を受けた人は多かった。

「時代」の残酷性だけはいつも変わらない。

■

「クロカン」こと**黒田寛一**（１９２７―２００６）は、革マルの最高指導者だった。

学生時代に眼を患い、進学を断念。その鬱積をもっぱらマルクス主義の研究にかたむけた。

１９５７年、「革命的共産主義者同盟」の議長に就任。「黒寛教祖」は一部から熱狂的支持を集めたが、62年に出馬した参院選では落選。得票数はたった2万票程度であった。

何度か内ゲバと分裂を繰り返したものの、黒田はその後も最高指導者であり続けた。

人前にその姿を表すことはなくただその名と思想だけが30年間以上の長きにわたり、独り歩きを続けた。

80年代から90年代にかけての黒田の私生活はまったく伝えられていない。ただ、1年に1冊ほどのペースで黒田の本が「こぶし書房」から出版されるたびに、公安調査庁の職員が同書を購入し、その動静をチェックするのみであった。

96年に議長を引退。それから10年後の06年6月26日、黒田は肝不全のため死去した。78歳だった。

黒幕とは、その姿を見られてはいけない。黒田が数十年に及ぶ潜伏生活を続け切ったことは、まさに彼の強靭な思想とカリスマ性の本質を物語るものであったといえよう。

■

松崎明（1936—）は黒田から信頼を受けた革マル派幹部で、JR総連のドンとして君臨するとされる人物である。

55年に国鉄入社。同時に共産党に入党した。黒田寛一に導かれ、60年代から動労幹部として活動。87年にJR東労組会長に就任。以来、独裁体制を固めている。

近年、カリスマとなった松崎を批判する週刊誌記事が掲載されたが、松崎はすぐに法的措置で対抗した。

07年11月には、警視庁公安部に逮捕される。容疑は総連の基金3000万円を横領したというものだったが12月、不起訴処分に終わっている。

■

岡留安則（1947―）は月刊誌『噂の真相』元編集長である。04年の同誌休刊後は沖縄へ移住し、各種媒体でオピニオンを発信している。

法政大学入学後、学生運動に参加。その後いったん運動から足を洗うも、卒業後はゲバ棒をペンに持ち替え79年に『噂の真相』を創刊した。

『噂の真相』は政財界から芸能界、文壇にいたるまで、スキャンダリズムを軸に人気を博した月刊誌であった。大手メディアが躊躇するネタを積極的に拾い上げていく「実績」で、90年代以降、多数のスキャンダルが持ち込まれるようになり、森喜朗元総理の買春疑惑や則定衛・元東京高検検事長の女性問題など、権力者を撃つ痛快なスクープがしばしば掲載された。

同誌全盛期には自身が取り上げられることを恐れた議員らも多く、発売前にゲラを求めたり、内容を探るなどムダとも思える動きを見せる議員事務所も多数あった。

岡留自身は黒幕どころかどちらかといえば「出しゃばり」な性格ではないかと思えるほどメディアの露出があったため（もちろん雑誌オーナーとして宣伝のために取材を受けたわけだが）、いわゆる黒幕的雰囲気を持ち合わせてはいなかったが、小さな雑誌が権力者にあれだけ畏怖され、影響力を持ったという事実は注目に値する。

■

作家・**宮崎学**（１９４５―）は、裏社会に顔の利く現役大物作家として知られる。京都のヤクザ一家に生まれ、共産党に入党。早大中退後は週刊誌記者や家業の解体業、地上げなどさまざまな仕事を転々とする。

85年に起きたグリコ・森永事件では重要参考人としてマークされ、事実、モンタージュのイラスト（「キツネ目の男」）とあまりに人相が似ていた。しかし、この事件ではアリバイが成立したことで、無関係が証明された。

独自の人生観と哲学から、ヤクザとの交流を隠しておらず、企業スキャンダルや警察の不祥事情報など政財官の「裏情報」通である。

オモテとウラの双方に通じている貴重な存在としてさまざまな取材を受けるほか、最近では佐藤優（作家・外務省休職中）とのコラボレーションの動きがしばしば見られる。

元特捜検事の田中森一やジャーナリストの大谷昭宏、朝倉喬司らとは非常に親しい関係にある。

第六章　官僚

▼日本最強の黒幕

「高級官僚」列伝

「日本を動かしているのは官僚である」——日本近代史の「定説」ともいえるこの一文は、いまなお霞が関の住人がそっと心に秘める思いである。戦後、強大な力を持ったエリート官僚の系譜をさかのぼる。

斎藤次郎
武藤敏郎
守屋武昌
藤井治芳
田中均
漆間巌

「日本の裏総理」財務次官

日本の官僚社会で最も強大なパワーを持つのはだれかといえば、財務省事務次官、かつての大蔵次官である。

数万人の国家公務員試験の受験者のなかの上位100人の得点者のなかから厳選されるという、エリート中のエリート。官僚を辞め、政界に打って出ようとするものがいれば、軽蔑され、こう言われる。

「何を血迷っているんだ。日本を動かしているのは俺たちじゃないか」

そして、その中から、たったひとりだけがトップに登り詰めることができる。それが財務次官である。

斎藤次郎（１９３６―）は、「10年に一度の大物大蔵次官」と呼ばれた、霞が関の伝説上の人物である。

満州に生まれ、東京大学法学部を卒業後、１９５９年大蔵省入省。正統派エースが配属される主計畑を歩み、主計局長を経て93年、事務次官ポストに駆け上がった。

麻雀で「デーン」と上がることから「デンスケ」と呼ばれた斎藤は、省内に「斎藤組」なる一派を形勢。そして、そのデンスケと手が合ったのが、当時自民党幹事長だった小沢一郎であった。

斎藤は政治を動かす喜びを覚えてしまった。

消費税導入の勢いそのままに、宮沢内閣で増税構想をブチ上げると、細川内閣でも「国民福祉税」構想を展開。自民党が下野し、不安定な政治状況のなかで、斎藤がガッチリとその手に「天下」を握ってしまったのである。

しかし、これを苦々しく見ていたのは自民党の野中広務だった。

94年に自社さ連立の村山内閣が誕生すると、強大な存在になりすぎた斎藤潰しを始めた。

「政治をなめるんじゃねえ！」

これが野中の本心であった。

このあとすぐに、バブルの傷跡・住専問題がめくれ、斎藤とその一派は不遇をかこつことになる。

政治家であれば、失脚したあとに手を差し伸べる人はいない。権力のない政治家には北を向くのが永田町の住人である。

だが、霞が関の論理では「10年に一度の大物次官」をぞんざいに扱うことは許されない。斎藤には、大物次官としては格下だが批判をかわせる天下り先（金融先物取引所）が用意された。

斎藤は、仇敵・橋本派の公務員改革を横目で見ながら、果たせなかった政治への思いを持ち続けた。

07年、福田総理と小沢一郎はまさかの「大連立構想」を模索したが、霞が関を驚かせたのは、一部に「斎藤次郎がこの会談の黒幕」と報じられたことだった。

斎藤にとって、小沢は初恋の人―かつての大物次官はまだまだ死んでいなかった。

平成最強の男「武藤敏郎」

武藤敏郎（1943―）は、その斎藤次郎に勝るとも劣らない、平成最強の官僚だ。開成高校から東大に進み大蔵省入省という「花の43年組」。国家公務員試験の席次は2位。ちなみに1位はやはり大蔵省に入省し、後に「ノーパンしゃぶしゃぶ」「接待キング」と批判され大蔵省を追われた長野厖・元証券局長だった。

武藤は在学中に司法試験にも合格。ライバルがスキャンダルで脱落するラッキーもあったが、00年に大蔵省事務次官の座を射止めた（その翌年から「財務省」になる）。通常で1年、よっぽどの大物次官で2年という次官の任期だが、武藤は2年半にわたり次官の座にとどまった。

小泉政権が誕生した武藤の次官時代、霞が関ではこんな言葉が流行した。

「武藤総理、小泉報道官」

それはひとことで政権の本質を言い表していた。

武藤は日銀副総裁に転身。これは財務次官の天下りポストとしては最高である。当然、次期日銀総裁を含んでの人事だ。

だが、またしても政治はだまっていなかった。

08年3月、福井日銀総裁の後任人事で、野党は強硬に「財務省出身者」である武藤の総裁就任を拒否。民主党代表は因縁の小沢一郎である。

結局、武藤もまた「10年に一度の大物次官」にはふさわしくない民間シンクタンク理事長におさまるしかなかった。

「防衛庁の天皇」守屋武昌

権力の味を覚えた官僚を「刺す」アラート装置が一応、永田町にはあるらしい。「防衛庁の天皇」と呼ばれた**守屋武昌**（1944―）もまた、政治に敗れた官僚のひとりだった。

東北大学を卒業後、いったんは民間企業に就職するも官僚への夢があきらめられず、翌年に防衛庁へ入った。守屋は東大に受からず、就職も第一希望は別の省庁だった。そのコンプレックスが、がむしゃらな仕事につながった。同期のキャリアは数人しかいない。防衛庁では出世を重ね、03年に官僚トップの事務次官に就任すると、4年以上もその座に君臨した。

これは、守屋の代のあと3年連続で次官を出せないことを意味しており、霞が関の人事法則を考えれば極めて異例のことである。

07年、次官を退官する守屋をめぐり、小池百合子防衛大臣が暴れた。大臣である自分に相談無く頭越しに人事を進めるとはけしからんというわけである。

守屋にしてみれば、昨日入社した新入社員に仕事を批判される部長の気分であっただろう。しかし、官は政に仕える身。事態の収拾を誤った官邸は、結局小池と守屋を両成敗した。

だが、守屋にとって本当の地獄はここからだった。その直後、関連企業からの接待疑惑が発覚。08年に懲役2年半の実刑判決を受け、数千万円の退職金もパーになった。あるキャリアは語っている。

「小池百合子だって政治家なんだ。自分たちの立場を思い知らなくてはいけない」

道路のドン「藤井治芳」

政治に牙をむき闘った男もいる。

藤井治芳（1936―）は、元建設事務次官で道路公団総裁をつとめた技官。父・真透も明治神宮外苑などを手がけた土木技官という理系「親子鷹」だ。

東京大学大学院工学研究科卒業後、建設省に入省。技官として道路畑一筋を歩んだ。日本のあらゆる道路のあらゆるデータを記憶しているといわれ、その情報量に太刀打ちできる者は日本にひとりもいなかった。人は彼を「道路のドン」と呼んだ。

95年に建設事務次官。小さな天下りをはさんで、98年より道路公団副総裁。00年に道路公団総裁となった。

藤井の不運は、道路公団の民営化を打ち出した小泉政権の誕生だったかもしれない。内部告発により、民営化に抵抗する役人の「ウソ」が発覚すると、藤井は頑強に反論。内部告発者を左遷し、あくまで民営化に反対した。公の場で、官僚らしからぬ「慇懃」のない無礼さで政治家を批判した。

小泉政権は藤井をやむなく解任すると、藤井は解任取り消しを求め提訴（後に敗訴判決）。

ここにもまた、政を牛耳り、政に敗れた官がいた。

「条約屋」と呼ばれた男

田中均（1947―）は、小泉政権下でアジア大洋州局長として、北朝鮮との実務者交渉を担当した元外務官僚である。

京都大学法学部を卒業後、外務省に入省。父は日商岩井の会長をつとめた田中正一である。

サンフランシスコ総領事などを歴任し、01年、アジア大洋州局長。

ここで田中の運命を変える、「小泉訪朝」が実現する。

02年9月、小泉総理は電撃的に訪朝し、翌月、拉致被害者5人の帰国が実現した。国民的な注目を集める緊迫外交。事務方の責任者として、北朝鮮情報を一手に握る田中の権力と発言力は極めて大きくなっていた。

だが、田中は足元をすくわれる。「当初の約束を守り北朝鮮に5人を帰すべきだ」と主張したことが、一部のメディアに報じられてしまったのだ。

約束を守ることにより、より大きなリターンに賭けたかったのかもわからない。だが、このいきさつが報道されると、田中の自宅ガレージに爆発物が仕掛けられる事件が起きた。

この一件で「売国奴」のイメージが定着した田中は、密室交渉のスタイルとも相まってメディアから集中砲火を浴びることとなった。

田中は拉致の問題よりも日朝国交正常化に重きを置いていたともいわれるが、世論はそれを認めなかった。田中は05年に外務省を去り、大学院教授となっている。

異例の官房副長官「漆間巌」

08年9月に発足した麻生内閣で、32年ぶりという異例の人事が話題を呼んだ。

それは内閣官房副長官（事務方）に、元警察庁長官の**漆間巌**（1945―）が起用されたことである。警察官僚が内閣官房副長官になるケースは極めて少なく、さかのぼれば32年前の川島廣守以来ということである。内閣官房副長官は、官僚のポストとして事実上の最高峰である。

「噂話好きの総理が選んだ気まぐれ人事」と霞が関の反応は冷ややかだったが、08年11月に起きた厚生次官連続襲撃事件では、さっそく捜査情報が漆間を通じて総理に逐一報告された。

漆間は典型的なエリート警察官僚である。日比谷高校、東京大学法学部から69年に警察庁に入省。04年に警察庁長官に就任。3年の長期にわたり在任した。兄も警察キャリア官僚である。

もとはといえば、選挙管理内閣と見られていた麻生内閣が、意外に居座り、ついには任期いっぱいまでやるつもりではないかとの声も出てきたいま、この漆間の役どころと存在感が重要な意味をもってきているのも事実である。

「これを奇貨として、警察官僚の復権を狙うのではないか」

こう警戒する他省庁のキャリア官僚は多い。

漆間と麻生は警察庁長官時代から親しい関係だったいわば〝腹心〟だが、安倍、福田政権は「安易な官僚人事」で失敗した。

「麻生は何も分かってないし、理解レベルも低い。官僚が本当のことを総理に言うわけがない。これでは漆間総理の誕生だ」

こんな嘆きが聞こえてくる。

▼法を牛耳る男たち

「検察・法務」の支配者・法曹「暗黒史」

法治国家の頂点に君臨する検事と
法曹キャリアの世界。
ときに永田町をも支配する
検察エリートたちの世界を支配するのは――

土肥孝治
北島敬介
逢坂貞夫
加納駿亮
田中森一

関西検察のドン「土肥孝治」

日本の法曹界で最も権力のあるポストは検事総長である。

関西検察の大ボスと呼ばれた**土肥孝治**（1933―）は関西出身者（旧制金沢一中、新制天王寺高校、京都大学卒）としては、珍しく検事総長（第19代）まで登りつめた人物である。

「千虚不如一實」（千虚、一實に如かず）という言葉が好きらしく、そのまま題名にした著書もあるほどだ。しかし、彼が検事、ヤメ検時代においても、果たしてその言葉を本当に座右の銘として実践してきたかについては、疑問なしとしないものがある。

土肥は、08年8月に約2560億円の負債を抱えて民事再生手続きを終えた後に倒産した「アーバンコーポレーション」の社外取締役を「健康上の都合による」と辞任した。就任してわずか2カ月後であった。

しかし、関西TV、阪急グループなど数社の役員については辞任した気配はないのである。

以前、土肥に刑事事件の弁護人の斡旋を受けたりして世話になったことのあるヤメ検（検事出身の弁護士）の一人は「土肥先生にはお世話になったことだし、悪くは言いたくないが、先生を『足の付いた煙草盆』とか言う人もいました。とにかく、人の集まるところには気軽に顔を覗かせるのです。先生のタニマチで、ある病院の院長がいますが、この人からメシのお誘い電話が入ると、私なども何度か先生のお伴をしたことがあります。場所は裁判所（大阪地裁）から直ぐ近い『芝苑』という料理屋でした。内容ですか、それは忘れたということで……。ただ、お開き前になると必ず用足しに立ち、そのまま靴脱ぎの前で同じ金沢出とかの女将と立ち話をしていました」と、語ってくれたのである。

つまり、このヤメ検は土肥について「どこにでも顔は出すが財布の紐は固い」ことを「（逃げ）足の付いた煙草盆」と比喩して見せたのである。

ある時、このことを三井環（元大阪高検公安部長）に話したら、

「そうかなぁ。あの人は大阪、東京両高検の検事長を務めた後に検事総長になった人

だ。例の調査活動費（後述）だって、半端じゃないほど、財布にねじ込んでいたはずやで。ワシは直接的に仕えたことがないから分からんが、愛弟子の加納駿亮さんには調活錬金術を伝授したかもしれんな」と、笑っていた。

検事総長「北島敬介」の晩年

土肥に続き、**北島敬介**（1936―2008）が98年6月に第20代検事総長の椅子に就いてから10カ月後。

次期総長に就くことが確実視されていた則定衛（東京高検検事長）が、女性問題を月刊誌『噂の真相』や朝日新聞に暴かれた挙句、敢えなく失脚するという事態が発生した。

北島は本来なら数カ月後には則定に総長の椅子を明け渡して、さっさと勇退する腹を固めていた。しかし、則定の後釜に目されていた次長検事の堀口勝正までが「浮気はあったかもしれないが、みんな浮気を活力にしている」と放言。数期下の原田明夫が上がってくるまで、その後2年余りも総長席に座ることになったのである。

かつて北島が秋田地検検事正であった頃に、彼に仕えたことのあるヤメ検（現・公証人）の一人はこう語る。

「あの人は、とにかく寡黙に尽きる人でした。ロッキード事件の公判検事を務めたと聞いていたので、さぞかし口八丁手八丁の方と思っていましたが、全然、違っていました。上がってくる決裁書類に目を通して黙々と印鑑を捺しておられました。私も同僚検事らと陰で『あれでよくこれまで捜査畑を歩いてこれたものだな』などと、噂したものです」

そんな彼は退官後、先輩総長の前田宏が去った後釜として（財）矯正協会会長に就く。

はっきり言って、法務省がいかに天下り先の数を持たない省庁とはいえ、矯正協会の会長職は閑職過ぎて、検事総長まで登りつめた者なら誰しも敬遠する役職である。しかし、北島は2、3の上場会社の社外役員には就いたものの、その閑職会長を終の仕事と決めて、実際、08年3月に肺炎で病死するまで、その職に常勤したのであった。

そんな彼が、ある時、部下の常務理事の一人に向かって怒声を発したことがあると聞く。

しかしそれは、部下に対してではなく、国会（法務委員会）中継ＴＶを見ながら、民主党の河村たかし議員が「矯正協会の職員は何人で、その内、部長は何人いるのか。また部長の年収はいくらなのか」と、質問したことに対して、矯正局長（当時）の横田尤孝（検事）が「職員数は約１１０人で、部長は約30人です。年収は約７００万円です」と答えたことによる。
「この横田の馬鹿が！『申し訳ないが資料を忘れたので後ほど先生のところに届ける』とか何とか言い繕うのが、お前の役目だろうが。気の毒だが、これで何人かは辞めて貰わざるを……」
と言い、暫く目をしばたいたようである。

ハンナンの浅田満と「逢坂貞夫」

04年4月17日、国内最大手の精肉取引業者であるハンナンのオーナー浅田満が、いわゆるBSE対策事業法を悪用して輸入牛肉を国産牛肉と偽り、国から約50億円の助成金を騙し取ったとされる事件が起きた。

それまで関西検察OBの中ドン（大ドンは土肥孝治元検事総長）を自認していた**逢坂貞夫**（1936―・元大阪高検検事長・弁護士）が堕ちた偶像と化したのは、大阪府警によって浅田が逮捕された直後に同本部を訪れ、応対に出た捜査員と次のような会話を交わした瞬間であった。

逢坂「私は逢坂だ」

捜査員「はぁ？　おとうさんはどちらのオーサカはんでっか？　それで用件は何でっしゃろう？」

逢坂「ナニ？………」

そして、この嘘のような本当の話は府警記者クラブにリークされ、たちまち関西法曹界に伝播したのである。

浅田満といえば、本業の畜産業界の総元締め的な存在であることはもとより、故中川一郎、鈴木宗男、故松岡利勝などの政治家や、当時は闇社会のドン、五代目山口組渡辺芳則組長とも家族ぐるみで親交のあることでも知られている。

そこで逢坂は常々「ワシはハンナンの浅田さんの顧問として法律の指南役をしとる。だから法律に関することは全部任されとるんや」と、豪語してはばからなかったとされる。だが、彼は正式にはハンナンの顧問弁護士を受任していた訳ではなく、浅田の個人的な相談に応じていたに過ぎなかったようだ。したがって、彼は浅田の裁判においては、一切、弁護人としては選任されていない。

関西の司法関係者の間では、逢坂が土肥（前出）とは犬猿の間柄であることは有名である。

そんな彼が、なぜ、中ドンとして影響力を保持していたかについては、次の「ヤメ検と現役検察首脳部との癒着」と題した一通の怪文書が、その秘密の一部を明らかにしているようだ。

「（前略）彼らは現役の杉原検事長を差し置いて、黒塗りの官用車をしょっちゅう逢坂ヤメ検弁護士事務所に横づけしています。なお、その事務所は北区西天満6—○△会館×04号です。これらの現役やヤメ検の面々は、有月会の名で定期的に会食しています。有月会のメンバーは以下の通りです。

吉永祐介元検事総長、逢坂元大阪高検検事長、加納同地検検事正、佐々木茂夫最高検公判部長（以下民間人6名）らです」

ちなみに、歴代検事総長は吉永が18代、土肥は19代である。

裏金疑惑「加納駿亮」

三井環・元大阪高検公安部長による調査活動費（裏金）流用疑惑の内部暴露事件（99年〜）の渦中に巻き込まれた**加納駿亮**・元福岡高検検事長（1942—）。

もしそれさえなければ彼は間違いなく検察庁の序列ではNO４の大阪高検検事長の座に上って、最後の花道を飾ったことであろう。

そしてそれは、関西検察OBの次世代のドンとして君臨するためにも、何としても手中にしたかったポストであった。

関西検察OBとは、そも何ぞや？　それは名古屋を東端に西端は沖縄までの各地に所在する高、地検に配属された検察官の人事（異動・昇格）を陰で差配（調整）する、数人の検事長、検事正経験者からなる、法務省（最高検）でも暗黙裡に了承している非公式機関とされる。

関西検察OBの権力たるや、前記検事の人事権だけではなく、ヤメ検弁護士を上場会社の役員や顧問に斡旋して面倒見を行なうほど徹底したものである。

加納は、大阪高検検事長に就くことは逸したが、元検事総長で同OBのドン中のドンたる土肥孝治に可愛がられたことから、ヤクザ流に言うと次期OB統領の最右翼の位置たる〝若頭〟に就いている。

彼は退官後の終の棲家として、大阪地検検事正時代の00年3月24日に、芦屋市の海岸沿いに聳え立つ豪華マンション（約125㎡）を、購入（登記）しているが、一部マスコミから、その購入資金の出所について「調査活動費（裏金）を流用したのではないか」と追及された。まさに火のない所に煙は立たずで、大いに疑惑の持たれる内容であった。

実際、01年3月8日、「官署支出官」加納駿亮より「検事正」加納駿亮に50万円。同21日、同様手続きで740万円。同24日、同約17万円の合計約807万円が加納の手に渡っているのである。

しかし、加納の領収書はあるものの、その金が最終的にどこにどう流れたかは一切不明（捜査関係上の秘密として他の領収書類は情報公開請求拒否）のままとなっているのだ。

ちなみに、この00年度内で同様の手続きによって、加納が費消した総額は約1676万円という巨額なものであった。

しかし、この加納は関西検察ＯＢの次期統領に擬せられるだけあって、柔和な顔に似合わず磊落な性格なのか、退官後、大阪府の裏金調査委員を気軽に引き受けているのである（後にマスコミの指弾を受け辞任）。

闇の守護神「田中森一」

自らを「闇の守護神」と呼号して憚らなかった**田中森一**（1943—）だが、彼は今、石橋産業事件の裁判で懲役3年の実刑が確定、収監された大阪拘置所の確定囚舎の独居房で、スプーン（食器用）の不良品を選別するなどの軽作業に従事しながら、別件の詐欺事件でも被告として拘禁されている。

しかも、守護神時代には主に闇社会から預託された数百億円ともいわれる資産を自在に運用しながら、表社会でも錚々たる人脈を形成していったものの、今では07年に刊行して20数万部を売り上げたベストセラー『反転』(幻冬舎)で得た印税までも差し押さえられる落魄ぶりである。

彼が運命を狂わせるきっかけとなったのは、もちろん許永中とタッグを組んで仕掛けたとされる石橋産業の手形パクリ事件だが、その公判中に「鐖内の田中角栄」と呼ばれた大フィクサーの山段芳春が病死(98年)したのが決定的であったとされる。

もし、山段が健在で石橋事件公判の証人席で田中の思惑どおりに証言を述べてくれていたとしたら、あるいは無罪という可能性もなかったとはいえない。

そして、これですっかり目算の狂った田中は、機を見るに類い稀な頭脳羅針盤まで狂わせることになる。彼は程なく飛行機(4発プロペラ機)に最高度の写真撮影機器を搭載し、全国の空を飛び廻らせて土地測量を行ない、立体的な測量写真を地方自治体や土木・建設会社などに提供・販売するという「株式会社テラ・マトリックス」なる会社を立ち上げたのである。

そして、彼は「この事業の将来性は洋々たるもので、俺の伝手でNASAの某部長が付いているから、絶対大丈夫だ」と、知人の事業家や個人資産家を相手に片端からセールストークして出資を募ったのであった。

なお、彼は宇宙飛行士の毛利衛を広告塔として利用するべく、毛利の妻を同社の取締役に迎えている。

確かにテラ社の創立発表会はド派手なものであった。大阪では中之島の大阪国際会議場内の大会議場を使用、数百人の聴衆者を集めた。そして、基調講演は超多忙な毛利衛を講師として招いて、毛利に宇宙で撮影に携わった時の体験談と、撮影機器（同種機器を飛行機に搭載予定）の素晴らしさについて語らせたのである。

しかし、結局、その飛行機が上空を飛んだことは一度もなく、田中の乾坤一擲の賭け事は、儚くも漆黒の宇宙にと吸い込まれて消えたのであった。

小田 勉
――ムショの帝王

世界的人権擁護機関のアムネスティ・インターナショナルの職員が日本の行刑施設を参観した際に「この国の刑務所において、最大の特徴は『沈黙』にある」と評したのは有名である。そして、この沈黙の刑務所体制をたった1人で築き上げたのが、オダベンこと小田勉（おだつとむ）なる幹部刑務官である。

刑務官から作家に転身した坂本敏夫（元広島拘置所総務部長）は、彼の著書『元刑務官が語る刑務所』（三一書房刊）の中で、小田を次のように紹介している。

「小田勉氏は日本の行刑（監獄施設）の歴史に残る1人である。府中刑務所の管理部長時代に病気で他界された。彼の残したものが管理行刑である」

坂本はさりげなく「病気で他界した」と書いているが、実はこの病気は疾病というよりも、ある時、所内巡回中に数人の受刑者から暴行を受けて大怪我を負い、その後遺症が基で他の病気を併発して死亡に至ったのだ、とする説のほうが正しいようだ。

小田が「お前たち、懲役の扱いは菜種の採油と一緒だ。いいか、俺が全責任を取るから徹底的に締め上げろ！」と、数百名の部下の看守を前にして訓示をしたのは昭和48年、彼が大阪刑務所・保安課長の時だ。

そして、彼の持論たる「軍隊的行進の徹底化、作業中の交談や脇見、無断離席の絶対禁止」を実践すべく、府中刑務所よりも多数の受刑者（3000人以上）を収容していた第1区から第4区までに分かれた作業工場群を、屈強の特別警備隊員を従えて、隈なく巡回しながら自ら反則者の摘発に当たったのであった。

小田の締め上げぶりを体験したことのある、ある元受刑者（現在特養老人ホーム在）は、こう語る。

「オダベンが、もし、今の時代にいたら、間違いなく監獄社会のダース・ベイダーやと思いますわ。そう、〝スターウォーズ〟に出てくるシスの暗黒卿のあのダース・ベイダーです。冬ともなれば金線を巻いた帽子から半長靴まで黒づくめの装束（制服）ですがな。しかもでっせ。オダベンは実際に巡回中はライトセーブみたいな警棒を右手に持ち、それを振り回しながら懲役を睨みつけて歩いて行くんです。そんなんを見て、どんなヤクザの親分でも震え上がってしまい、キンタマを縮こませてましたがな」

ちなみに、小田は全国の刑務所を保安課長一筋で転任しているが、それはすべて法務省・矯正局長の特命によったとされる。

第七章　財界

▼世紀の乗っ取り屋

生涯「一乗っ取り師」を演じた蝶ネクタイ男の劇場型人生

横井英樹

東洋郵船社長

氏　　名　横井英樹（よこいひでき）
生年―没年　1913―1998
肩　　書　東洋郵船社長
家族・交流　孫：ZEEBRA（ラッパー）
略　　歴　愛知県の貧しい農家に生まれる。15歳で上京し、繊維問屋の丁稚奉公を始める。進駐軍の出入り商人となり成功をおさめ、財産を成す。1952年より老舗百貨店「白木屋」の乗っ取りを計画。58年には安藤組組員に狙撃され重傷を負った。1957年に東洋郵船を創業。82年、経営していたホテルニュージャパンで大規模な火災が発生。33人の死者を出す惨事となった。これにより3年間の禁固刑を受ける。98年に死去した際、かつて銃撃され体内に残っていた弾丸が見つかったという。

80年代に起きた大事件としてかならずプレイバックされるあの「ホテルニュージャパン火災」からはや四半世紀。「乗っ取り屋」こと横井英樹のある種のクライマックス場面は、人々の記憶から薄れつつある。

愛知の貧農の家に生まれた横井は天賦の商才をいかし、進駐軍相手の商売で若くして財を成した。

しかし、横井はおよそカネに関して「これで満足」ということのない男だった。

戦後の高度経済成長下、手っ取り早く儲けられるのは不動産であることに気づいた横井は企業買収＝乗っ取りを開始。まず狙ったのが老舗百貨店「白木屋」であった。

この買収戦争は、抵抗する白木屋と横井がお互いに総会屋、ヤクザ、法的措置をぶつけ合ったことによりこじれにこじれた。

１９５５年、最終的には東急グループの創業者五島慶太が出馬し白木屋を買い取る「痛み分け」となった。経済事件史に残る本格的「企業防衛戦争」である。

58年、横井のもとに、安藤組の安藤昇が債権回収代理人として登場。２０００万円の返済を迫った。

だが、愚連隊のドン・安藤に対し横井の返した言葉はこうだった。

「なんならキミたちに、カネを借りても返さない方法を教えてやろうか？」

その数時間後、横井は安藤組構成員に銃撃され、瀕死の重傷を負った。だが、稀代の乗っ取り屋は不死身であった。

その翌年には東洋精糖の株買い占めに乗り出し、レジャー施設を買収してはその経営にも乗り出す。

だが、悲劇が起きた。82年、経営していたホテルニュージャパンが燃え、33人の命が失われた。ケチケチ経営のため、警報装置が作動しなかったことが被害を拡大させた。

横井は厳しく断罪され、事件から11年後、最高裁で禁固3年の判決が確定した。すでにバブルは崩壊していた。

晩年はしばしば「あの人は今」といった企画で消息が報じられるのみであった。死の直前、田園調布の一等地にあった自宅は美容研究家の鈴木その子の手に渡った。
妻は4人、子が10人。やりたいことはすべてやりきった、横井の生涯は98年に幕を閉じた。

横井英樹の言葉

「キミたちには玉がふたつしかない。俺にはみっつある」

▼「強盗慶太」

一代で東急コンツェルンを作り「強盗」と呼ばれた乗っ取り男

五島慶太

東急電鉄創業者

氏　　名　五島慶太（ごとうけいた）
生年―没年　1882―1959
肩　　書　東急電鉄創業者
家族・交流　長男：昇（東急電鉄社長）
略　　歴　長野県青木村に生まれ、苦労しながら東大法学部を卒業。29歳で農商務省に入省、鉄道院勤務となる。その後実業界に転じ、私鉄会社の設立と買収を繰り返し、堤康次郎と並ぶ鉄道王となる。さらにデパート、ホテル、映画、不動産などに進出、東急コングロマリットを形成。その強引な手法から「乗っ取り王」「強盗慶太」との異名がついたが、晩年は美術品の収集に努め、東京・上野毛に五島美術館を残す。

容赦ない企業乗っ取りで事業を拡大していった五島慶太は、当時の帝大出、役人経験者には珍しいタイプだ。その強引な手法から昭和15年頃には「強盗慶太」と呼ばれるようになった。

武蔵電気鉄道の経営に参加するようになって、よほど鉄道経営が気に入ったのか、目黒蒲田電鉄を設立すると、池上電鉄、玉川電鉄を次々と買収、合併した。さらに阪急グループの小林一三を見習って買収した私鉄沿線の住宅地分譲に着手した。

東京近郊の私鉄を制覇していった彼の次のターゲットは地下鉄であった。東京高速鉄道を設立し、渋谷と新橋を結ぶ地下鉄を開通させたが、新橋から浅草間は東京地下鉄の早川徳次が地下鉄を運行していた。

そこで五島は、新橋でレールをつなぎ、渋谷、浅草間で地下鉄を走らせようと提案した。ところが、このプランを早川が拒否したことから、五島は早川の東京地下鉄を強引に買収してしまった。

さらに同時期に三越の株を買い占めた。これらの行為が、世間の目から見て〝強盗〟と映ったのである。しかし、この批判に対して「私は事業上の自分の主義と信念とを一貫して貫き通しているだけである」とまったく意に介さない様子を見せた。

人を人とも思わない非情さと猛烈な事業欲、義理人情などクソ食らえという人物でなければ企業乗っ取りなどできないのか。五島の後にも戦後日本には、小佐野賢治、横井英樹など名立たる乗っ取り屋が現れるが、彼らはみんな五島のやり方を学んでいる。

ただ五島の場合、9年間の役人経験をいかし、基本的に「官僚」を敵に回すのではなく「うまく取り込んで使う」という発想があり、そうした寝業のうまさは誰もが真似できるものではなかった。

最後の乗っ取りはあの横井英樹と組んだ「東洋精糖」が狙いであったが、その最中に病に倒れた。そのときには「寿命をくれるなら全財産をくれてやってもいい」と現世への未練を口にしたという。遺産は驚くほど少なかった。

　五島のこんな言葉が残っている。「財界に覇をなそうとすれば、いろいろな会社を合併し、ボロ会社を買ってそれを再建することだ」

五島慶太の言葉

「人間は知と行だけではダメである。そこには必ずだれにも負けないという信念が必要だ。事業で成功するにしても、利殖するにしても、不可欠なものは信念である」

▼「電力の鬼」

電力事業の発展に生涯を捧げ「生ける小説」と呼ばれた男

松永安左エ門

東邦電力社長

氏　　名　松永安左エ門（まつながやすざえもん）
生年―没年　1875―1971
肩　　書　東邦電力社長
略　　歴　長崎県壱岐で広く事業を営む松永家の長男として生まれる。福沢諭吉に憧れて東京の慶応義塾に学ぶ。在学中に福沢桃介と知り合い、事業の手ほどきを受ける。慶応中退後、福岡の福博電気軌道の設立に参加、電力事業に加わるようになる。その後東邦電力などを経て、民間主導の電力経営を主張、「日本の電力王」と呼ばれた。戦後も電力会社の事業再編に取り組んだ一方、茶人としても名をなした。

福沢諭吉の『学問のすすめ』に感動した若き松永安左エ門は、地元で広く事業を展開していた親の反対を押し切って、慶応義塾に入学する。そこで後に福沢の養子となる福沢桃介と知り合う。この桃介との出会いが松永の生涯を決定づけることになった。桃介は株式投資に熱中した趣味人という感じがあった。松永は桃介の引きでいくつかの事業に参加するが、時代の気運を吸った電力事業にのめり込んでいく。

福岡の市電（福博電気軌道）経営に参加するや、翌年には九州電気を設立するなど順調なスタートを切った。その後東邦電力に発展すると副社長から社長になり、九州、近畿、中部に及ぶ勢力に発展、東京進出を図った。当時の電力会社は自由競争で同じ地域で激しい競争があった。

　松永は東京進出のために子会社、東京電力を作り、東京電燈と覇権争いを演じた。何やら山口組の関東進出のようで、命のやり取りこそないものの、あちこちで激しいビジネス戦線が展開されていった。

　当初は桃介と一緒に事業を進めていたが、万事におおらかで大向こう受けを狙う桃介と違って、松永は配電室にベッドを持ち込んでの陣頭指揮もいとわなかった。〝出入り〟になると自ら先陣を切る親分といったところだ。

　戦争が激化してくると、国家総動員法とあわせて電気事業を国家管理の下におく政策がとられたが、松永は民間主導の電力会社の再編を主張、その激しい言動に「電力の鬼」という異名がつけられた。

『電力会社を九つに割った男』の著書がある政治評論家の浅川博忠は、松永を評して「政治家に自己資金のカンパをするもののけっしてその見返りをあてにしたり、安易に物事を依頼しようとは欲しなかった」と書いている。この書には小泉純一郎が解説文を寄せており、同じ「民営化」を成した男だけが分かる松永の信念が賞賛されている。

　戦後日本もこの「電力の鬼」の腕力は必要とされ、民営化に伴う電力会社の再編事業を押し進めている。さらに電気技術の研究開発のため、中立の立場にあるシンクタンク「電力中央研究所」を設立している。文字通り、電力に生涯を捧げた96年という長い人生であった。

松永安左エ門の言葉

「現状で満足しているわけではないが、電気事業に限っていっても、私が長い間考えていたことは、戦後になってだいたい実現した」

▼不動産王

土地、金、鉄道、オンナ……欲望を形にし続けた凄まじき人生

堤康次郎

西武グループ創始者

氏　　名　堤康次郎（つつみやすじろう）
生年—没年　1889—1964
肩　　書　西武グループ創業者
家族・交流　長男：清（近江鉄道社長）次男：清二（セゾン文化財団理事長）3男：義明（コクド前会長）4男：康弘（豊島園前社長）5男：猶二（プリンスホテル社長）
略　　歴　滋賀県の農家に生まれる。1922年、駿豆鉄道買収騒動で、右翼に銃撃される。1924年、衆議院選挙に出馬し初当選。このころから大がかりな都市・鉄道開発に着手する。戦後の52年、公職追放が解け、翌年衆議院議長に。64年、念願のオリンピックを東京に誘致、大会を直前にして心臓発作に倒れ死去した。

「堤康次郎」を父とする子は多いが、たいていの場合、母は同じでない。

女であれば、誰であっても手を出したと言われた堤康次郎のリビドーはまさに「怪物」であり、戦後の混乱期を猛烈に生きた男の人生が象徴されているといってもいい。

１９２０年に「箱根土地株式会社」（後のコクド）を設立した堤は20代のときから土地の買収に熱中。22年には駿豆鉄道（伊豆箱根鉄道）の買収をめぐるトラブルで銃撃されている。人は彼を「ピストルの堤」と呼んだ。

１９２４年に衆議院選挙に立候補した動機について、堤は「国全体を考え、国民全部を幸福にするのはかかって政治にある。それで私は早くから政治を志していた」と

説明しているが、憑かれたように土地を買いあさっていた当時の堤を見れば、本心はそれだけではなかったはずだ。

国会議員となってからはあらゆる手段を使って鉄道を買収。沿線開発を進め、現在の西武グループの原型ができあがっていく。

後に「私の履歴書」で本人がこう語っている。

「もうけようと考えたのがいけない。この世の中のために少しでもできるだけのことをしようという奉仕の心だった。そして最初に考えたのが、不毛地の開発事業だった」

当初、郵便局や雑誌社の経営、真珠の養殖などに失敗した堤は「懲りて、奉仕の心で」不毛地の開発事業をしたという。やはり、額面どおりには受け取れまい。

堤は、空襲のサイレンが鳴り響く中、延々と電話で土地売買の指示を出し続けた。この飽くなき執念はどこからくるものなのか、はっきりとは分からない。出会うあらゆる女に手を出し、「100人の子どもがいた」ともいわれた堤の原的欲望は、生まれつき人の何倍もあったとしか思えない。

戦後の53年、衆議院議長に就任。しかし、その認証式に内妻を伴い登場したことで内外の顰蹙を買った。

50年代から60年代にかけ、堤の野望は「東京五輪」へ傾いていった。64年に開催される五輪に向け、プリンスホテルを建設していた矢先、東京駅のホームで堤は倒れた。

五輪まで、あと数カ月であった。

堤康次郎の死去後、膨大な資産はそれぞれ異母兄弟たちに分けられたが、それは抜き差しならぬ愛憎と確執を生み、現在に至っている。

堤康次郎の言葉

「（こどもの）数をかぞえられるうちはまだ半人前だ」

▼「永田ラッパ」

「仕掛ける喜び」を生きがいとした昭和の総合イベントプロデューサー

永田雅一

大映社長

氏　　名　永田雅一（ながたまさいち）
生年―没年　1906―1985
肩　　書　大映社長
家族・交流　孫：永田守（TBSプロデューサー）
略　　歴　京都生まれ。大倉商業（今の東京経済大学）中退後、19歳で日活に就職。映画ビジネスを学び、28歳のとき第一映画社を設立。「永田ラッパ」と呼ばれた口八丁で業界にその名を知らしめる。第一映画社解散後、36歳のとき大日本映画製作（大映）の設立に参加、41歳で社長に就任する。河野一郎・岸信介など有力政治家とのパイプを持ち、時の政権のオブザーバーとなった。映画産業の浮沈を経験し、85年死去。

低迷期を乗り越え、映画人気の復活が見えるといわれる。作品の充実やタイアップ宣伝などに取り組んだ結果だろう。そんな今の時代の映画文化を眺めることなく、1985年に世を去った映画人が、永田雅一である。

この大映の名物社長は、戦後いち早くエンタメ経営に取り組み、続々とヒットする映画を製作していく。生来のエネルギッシュな性格と才覚で、華々しい映画産業の牽引車となった。

若かりし頃、京都のやくざ「千本組」の世話になっていたこともあり、押し出しの強さは筋金入り。

自己主張が激しく饒舌で、そのビッグマウスぶりは「永田ラッパ」とも称された。ビッグマウスだけでなく、ビッグマネーを惜しげもなく裏舞台で使っていた。大映設立のさいも、監督官庁への贈賄をしたのではないかと疑われた。

政治家では河野一郎・岸信介などと交流があり、また「ミスター黒幕」児玉誉士夫とも親しかった。岸政権が安保改定後、大野伴睦に政権を譲るという「誓約書」を書かせたのもこの永田である。

疑獄事件で逮捕もされている。「武州鉄道」という鉄道の免許を早くもらうため、賄賂による政界工作をしたという事件だ。実刑こそ受けなかったが、インフラが不足していた時代の鉄道業にいち早く資金投下をしようとしたところに、永田の勢いがうかがえる。

だが、そんな豪快さも、映画産業の斜陽化する時代には通用せず、71年、大映は倒産に追い込まれる結果となった。

永田はプロ野球においても、大きな功績を残した。大映スターズ、大映ユニオンズ、大毎オリオンズなどの球団オーナーとして知られる。

あの伝説の「天覧試合」（1959年）を演出したのは正力松太郎であったが、同時期、永田もオリオンズの「天覧試合」を実現しようと動いていた。しかし天皇が巨人戦を選ぶと、「プロ野球の名誉のために、ゴタゴタを起こしてはいけない」と一切異議を唱えなかったという。

パ・リーグ球団のオーナーとして、読売ジャイアンツ中心の球界を常々嘆き、62年の東京スタジアム（南千住）建設など、観客を集めるために尽力した。こうした功績によって、死後3年の1988年に野球殿堂入りしている。

永田雅一の言葉

「グランプリ?　なんだ、そのグランプリってえのは?」（黒澤明『羅生門』がベニス映画祭でグランプリを受賞した際）

▼証券の父

日本の「証券ビジネス」を作った清濁併せ呑む豪快経営者

瀬川美能留

野村證券元会長

氏　　名	瀬川美能留（せがわみのる）
生年—没年	1906—1991
肩　　書	野村證券会長
略　　歴	奈良県に生まれる。大阪商科大学高等商学部卒業後、野村證券に入社。株式部長などを経て59年に社長。児玉誉士夫との深い関係で知られ、戦後の証券業界の発展をデザインしたと言われる。65年には野村総合研究所を設立。財界のドンとして大きな発言力を持った。後に証券業協会連合会会長をつとめた。巨人の財界後援会「無名会」会長もつとめ、V9時代の巨人を後方支援していたことでも知られる。

戦前に野村證券に入社、業界の近代化に大きく貢献し、また野村證券を世界的金融機関にまで押し上げた最大の功労者といわれるのが瀬川美能留である。

その先見力は、たとえば戦後間もない頃、「これからは電力の時代だ」と直感し、いきなり中国電力に「野村の瀬川が参りました」と訪問したエピソードで知られる。信条は「人の3倍働けば勝つ」だった。

まだ証券業が職業として低く見られていた時期、株式部長をつとめた瀬川は一手に現場に猛烈なノルマ制と近代的な営業手法を取り入れ、そこから野村證券の社風と社格が形成されていった。

59年に社長就任。瀬川の名を高めたのは65年の証券不況であった。ドン底に陥った業界を、東証理事会議長、日本証券業連合会（現在の日本証券業協会）の会長として、日本証券保有組合の設立などに力を尽くし、救い上げた。

あのフィクサー・児玉誉士夫とは深いつながりがあったことで知られる。その相思相愛の関係は、73年のジャパンライン株買い占め事件の仲介に乗り出した児玉が瀬川に相談をもちかけ、その謝礼として児玉が瀬川に１１００万円のダイヤを贈ったというエピソードに表れる。

良し悪しは置くとして、瀬川は総会屋や裏社会の顔役にカネを渡し、敵に回さない方針を貫いた。この体質が許されなくなる時代がくるのはもう少しあとのことであった。

スポーツ界との深い交流でも知られた。「神様」川上哲治とは戦前からの付き合い。巨人の財界後援会会長をつとめたほか、大相撲や柔道の大タニマチとしても知られた。長嶋茂雄の第一次監督時代、川上とともに「監督解任」のシナリオを描いたのもこの瀬川であったという。

87年、野村證券はトヨタを抜き利益日本一の企業となった。しかし、モーレツ一本槍の企業風土に見えない「限界」が忍び寄っていた。

91年に瀬川が死去した際、野村證券は不祥事騒動の真っ只中にあった。瀬川に育てられた「大タブチ」「小タブチ」こと田淵節也、田淵義久が裏社会への利益供与で世間の批判にさらされていた。

しかし、以前から体調を崩していた瀬川はそうしたことを知らずに亡くなったという。その死はまさに時代の移り変わりを示すものであった。

瀬川美能留の言葉

「政治家との付き合いほど割に合わないものはない」

▼「日本軍」の生き証人

戦前は軍隊、戦後は財界「2つの人生」を生きた重み

瀬島龍三

元陸軍大本営参謀　伊藤忠商事会長

氏　　名　瀬島龍三（せじまりゅうぞう）
生年―没年　1911―2007
肩　　書　元陸軍大本営参謀、伊藤忠商事会長
家族・交流　父：龍太郎（富山県松沢村長）
略　　歴　富山県の農家に生まれる。陸士から中国戦線の従軍を経て、陸大へ。卒業後、満州で関東軍参謀となる。1941年、大本営で作戦参謀となり、数多くの作戦に関わる。45年、ソ連軍の捕虜となり、11年間シベリアに抑留。帰還後、伊藤忠商事へ入社し会長・相談役に昇進。中曽根政権のアドバイザーにもなる。07年、老衰により95歳で死去。

中曽根政権時代の有力ブレーンとして知られる瀬島龍三は、戦前と戦後の2つの時代を生きた歴史の証人である。

彼は生前、大本営参謀として、また戦後は財界人（伊藤忠商事会長）として、さらには政権ブレーンとして証言を求められ、それぞれ語ってきた。

だが、瀬島が残した歴史証言は評価が分かれている。本当のことを話しているかどうか、検証が必要な部分の割合が多いといわれているのだ。

08年、自衛隊の田母神俊雄・航空幕僚長が書いた論文が物議をかもす事件があった。問題になったのは『日本は侵略国家であったのか』という論文で、そこには政府見

解と異なる考えが記されていた。「集団的自衛権の行使は憲法違反ではない」と言い、歴史観においても「日中戦争は侵略ではない」と主張している。

主張の是非は別として、田母神発言に「エリート軍人の傲慢」を感じた人は少なくないだろう。軍人の傲慢は、時として国を危険な方向に動かす。

元大日本帝国大本営作戦参謀という肩書を持つ瀬島龍三に対しても、こうした「傲慢さ」を感じる人がいる。

それは現在の頭脳優秀なエリート官僚が「自分たちが国を動かしているのだ」という傲慢さにも通じるが、瀬島の場合、軍という「戦争のための装置」を動かす立場だったことがさらに強く影響している。

当時の軍部・国家システムや負けた戦争に対して肯定的な発言をすればするほど「傲慢さ」を感じてしまうというわけである。

瀬島のシベリア抑留にはいくつかの疑惑があると指摘されている。とりわけ言われるのが「実はソ連と密約があったのでは」というものだ。これは捕虜の抑留を日本（瀬島）の側から申し出たという説で、当時のソ連と敗戦日本の状況からして、ありえないとも言い切れない。

もちろん、戦後、帰還した瀬島が伊藤忠商事に就職して日本の経済発展に尽力したのも事実で、行政改革に辣腕を振るったのも事実。帰国後の功績は認めるべきだ。

しかし、戦争の渦中、日本を引っ張っていたエリート軍人としての評価は、これからの歴史研究にかかってくることだろう。

瀬島龍三の言葉

「世界2000年の歴史を振り返ると、守りだけでも、攻めだけでも勝利した試しはない。ときに守り、ときに攻める。そのタイミングこそ重要だ」

▼京都のフィクサー

表舞台に登場することなく京都のすべてを握った男

山段芳春

キョート・ファンド会長

氏　　名　山段芳春（さんだんよしはる）
生年—没年　1930—1999
肩　　書　キョート・ファンド会長
略　　歴　京都府福知山に生まれる。戦後の一時、京都府警に勤務。進駐軍の諜報機関で活動。その後、京都信用金庫をバックに、京都放送、京都新聞、警察、検察、会津小鉄まですべてに睨みを利かせる「京都の黒幕」となった。晩年、イトマン事件に関わり影響力が低下。頼みの綱の京都信用金庫の離反を迎える。99年、贈賄容疑で逮捕されるが、その直後70歳で死去した。

実力者・野中広務の地元としても知られる京都であるが、昭和から平成にかけ、この古都を真に支配した男、それが山段芳春である。

山段の詳しい人生に関しては、書き残されている情報が圧倒的に少ない。京都という土地柄にも関係しているのだろうが、それは山段が本当に「隠然たる」実力者だったことを示している。

唯一の文献ともいえる、秘書・安川良子の著書『黒幕と言われた男』のなかで気になるのは、山段が元警察官だったという内容だ。

福知山で生まれた山段が京都へ出たのは17歳のときのこと。警察官を志した動機は、かつて土蔵破りの犯人と疑われ事情聴取された経験があり、屈辱と無念を感じたことがきっかけだったという。

　戦後間もない京都で警察官になった山段は、そこでソ連からの引き揚げ者の思想調査をする仕事に従事していた。捕虜になった人たちがどこまで洗脳されているかを確かめる仕事である。舞鶴港の船に乗り込み、一人ひとり面接する――この仕事が山段の「特殊な才能」を引き出し、彼を稀有の情報通にしたのではないか、と著者の安川は推測している。

　山段の「京都支配」は地元の京都信用金庫との出合いから始まる。山段は、京都信用金庫のバックアップを受け、京都におけるさまざまな「金融機関が解決できない裏問題」を解決する会社「キョート・ファンド」を設立した。１９７０年のことである。この会社が、その後の山段の「権力の源泉」となっていく。

　独特の閉鎖性をもった京都の町で、山段を頼る人間は少なくなかった。

　山段のもとには京都中のトラブル情報が入るようになり、それはすなわちカネになった。

　やがて山段は市政、新聞、テレビ、金融、同和問題ほかすべてに顔が利く実力者にのし上がっていく。

　だが、バブル時代に許永中ら後のイトマン事件の主人公となる人物らと関わったことで、山段は肝心の資金繰りに苦しむようになり、急速に力を失う。頼みの綱であった京都信用金庫も手のひらを返し、山段の時代は終わった。

99年、かつて籍を置いた京都府警が山段の逮捕状を取った翌日、「京都のフィクサー」は病院で息を引き取った。

山段芳春の言葉

「わしはまだ死なへんなあ」（最期の言葉）

▼「日本一のタニマチ」

日本一の大スポンサーに群がった政治家・芸能人・スポーツ選手たち

佐川　清

佐川急便創業者

氏　　名　佐川　清（さがわきよし）
生年―没年　1922―2002
肩　　書　佐川急便会長
家族・交流　息子：栗和田榮一（佐川急便社長）
略　　歴　新潟県に生まれる。1957年に京都府にて「佐川組」を設立、妻と自転車2台のスタートだった。1966年、「佐川急便」に改組。運転手の集金など運送業の常識を破るシステムで業績を伸ばし、77年に全国ネットワーク網を完成。日本を代表する運送会社に育て上げた。芸能界、スポーツ界の大タニマチとして知られ「日本一のタニマチ」と呼ばれる。92年、東京佐川急便事件発覚。

妻と、たった2台の自転車からスタートした「佐川組」を、激しいノルマで日本最大の運送グループに育て上げた佐川清は、日本における立志伝中の人物のひとりといって良いかもしれない。

佐川にまつわる伝説は数多いが、最も強烈なものは、そのカネの使い方である。

佐川がスポンサードしていた政治家、芸能人、スポーツ選手は枚挙に暇がない。彼らはどんな高い社会的ステータスにあっても、いそいそと「京都詣で」を重ね、カネを受け取りにやってきた。

佐川はそうした人間にほぼ際限なく対応したという。

「カネのためなら人間、ここまで変わるものか」

当の佐川にそうした気持ちがどこまであったのかは分からないが、ひとつ不思議なのは、佐川がその「代償」をあまり求めたことがないということだった。ギブ&テイクでパワーをつけていく通常の黒幕とは明らかに違う行動原理がそこにあった。

佐川急便の成長は、がむしゃらな根性主義と、徹底した顧客ニーズ対応という2本柱によって実現した。日曜の営業、指定時間の配達……佐川にとって、創業時の自身を振り返れば、それらは何の苦もない当たり前のことだった。

「これからは物流の時代になる。なんたって、モノが動かなければ経済は動かない」

佐川の読みは正しかった。しかし、ひとつだけ判断を誤ったのはカネの力を大きく見積もりすぎたことだった。

92年、東京佐川急便事件が発覚する。東京佐川の渡辺社長らが、稲川界の石井進会長らに1000億円もの融資や債務保証をしていたことが明らかになった。自民党・金丸信副総裁も5億円の受領を認め辞任した。佐川が融資、あるいは担保する形で政界に流れたカネは2000億円ともいわれる。しかし、それが具体的にどのような形でこの現実世界に残ったのか。いまなお誰もうまく説明できない。

事件後、これまで、佐川のカネにひれ伏した政治家や芸能人がいっせいに北を向いた。佐川は証人喚問を求められたが拒否し、この世を去るまで何も語らなかった。

佐川にとってカネとは、なんだったのだろうか。

佐川　清の言葉

「カネをためるのは罪悪や」

▼親の「二十一光り」

フィクサー・笹川良一との関係と病弱だった幼少時代の反動

糸山英太郎

新日本観光会長

氏　　名　糸山英太郎（いとやまえいたろう）
生年―没年　1942―
肩　　書　湘南工科大学理事長
家族・交流　長男：太一朗（新日本観光副社長）父：佐々木真太郎（新日本観光創業者）岳父：笹川了平（大阪日日新聞社長）叔父：笹川良一（日本船舶振興会会長）
略　　歴　新日本観光の創立者佐々木真太郎の子として東京に生まれる。日本大学中退後、中古車セールスマンを経て父親の会社に入社。以後、自民党の参院議員、衆院議員となるが、96年議員辞職。現在、新日本観光会長のほか湘南工科大学の理事長を務める。日本航空の筆頭株主で特別顧問。

相場師、政治家、経営者と多方面に多彩な顔を持ち、自らを〝怪物〟と称した。73年に『怪物商法』というタイトルの本を出版、本はその年のベストセラーとなり、一躍名前が世間に知られたが、本の内容は株の仕手戦に勝利してきたというお決まりのサクセスストーリーであった。

出版は選挙（74年に出馬）のための工作だったと一部で揶揄されたが、選挙ともなれば何でもありの世界だ。誰でもやっていることを派手にやっただけだ。

糸山は自分自身を「親の七光り」どころか、「二十一光り」と言ってはばからない。自分を生んだ父親は69年の長者番付日本一になった佐々木真太郎、岳父は笹川了平（日本のドンといわれた笹川良一の弟）、そして叔父の笹川良一、３氏で合計二十一光りだというのである。

しかし、このように言い切れるというのも、糸山自身に強い誇りと自信があってのことだろう。彼の人生を覗くと、単に金持ちのボンボンと言い切れぬ苦労の足跡が見て取れる。

4歳のときに疫痢にかかり、虚弱体質で小学校はいじめ地獄にあう毎日だったという。中学に上がると生き方が逆転、手のつけられない不良になった。19歳で日大に入学するも恐喝事件を起こして中退、その後も決して順調とはいえない人生が続く。

株仕手戦史上有名な中山製鋼所株では、29歳の糸山は日本一の相場師といわれた近藤信男を相手に血の小便を流すほどに苦戦する。含み資産に注目して総株数の25％まで買い占めたが、株価は６３０円から３８００円まで暴騰した。

この戦いに糸山はかろうじて勝利するが、笹川の支援を仰いでの薄氷を踏むような勝利だったという。

参院選に初当選したおり、糸山陣営に大規模な選挙違反が発覚、岳父笹川了平は初犯にもかかわらず実刑判決を受けた。この強引な捜査の裏には競艇利権をめぐる一部の政治権力と叔父笹川良一の対立があったともいわれる。親の七光りは七暗闇にもなるということだ。

08年7月、テレビ東京女性記者とみずほFG最高幹部の不倫が発覚した際、糸山は「何の言い訳もできない」と厳しく断罪したが、自身もかつて、未成年女性の買春疑惑が発覚したことがあった。糸山にまつわるダークなウワサは枚挙に暇《いとま》がないが、なぜかそれが「ウワサ」でとどまっていることも、彼の黒幕としての実力にハクをつけているともいえるのである。

糸山英太郎の言葉

「親の七光りを利用するのも子の特権であり、才能である」

▼食肉のドン

同和と闇社会をバックに巨額の金を生み出した男

浅田 満

ハンナングループオーナー

氏　　名　浅田満（あさだみつる）
生年―没年　1938―
肩　　書　ハンナングループオーナー
略　　歴　大阪府羽曳野市に生まれる。生家も食肉卸だった。中学中退後、大阪の食肉小売店に奉公に出る。1967年、実家の浅田商店を阪南畜産に商号変更し取締役に就任する。このころより政界とのパイプができる。87年、外国産牛肉の放出枠の割り当てをめぐり、贈賄容疑で逮捕。執行猶予付き有罪判決を受ける。04年、牛肉偽装事件にかかる詐欺罪で逮捕。政財界との幅広い交流が報道される。05年、懲役7年の実刑判決が下っている（現在上告中）。

04年に発覚した大がかりな食肉偽装事件。ハンナングループの元オーナー・浅田満には控訴審判決でも実刑7年という厳しい判決が支持された。

偽装牛肉を利用して、国から補助金を詐取しようとした事件。

一審判決を前に言い渡された、浅田に対する保釈金はなんと20億円。これは日本の保釈金ランキングのダントツ1位であり、それはそのままこの事件の「闇の深さ」を象徴している。

浅田は、大阪の食肉卸を営む家に生まれた。中学を中退して大阪の食肉店に奉公に出るなど、少年時代から「肉の世界」を見続けてきた叩き上げである。そこで浅田は、この業界の仕組みとルールをすべて理解してきた。

浅田の名が初めて新聞紙上を賑わせたのは、20年以上前の87年である。業界でいう「肉コロガシ」という手法で年間5億円もの利ざやを稼いでいた。簡単にいうと、安く配分される肉を大量に買い、その肉が買えない業者に割り増しの値段で売りつけるというもの。このとき浅田が使った賄賂資金は600万円であった。

ほんの少し政治を動かすことで多大なうまみが生じる業界――浅田がその後も同種の犯罪を繰り返したことは、この世界に順法精神が根付いていないことを示唆している。言い換えれば、未熟な法整備は肉の世界を知り尽くした者にとっては穴だらけということだ。

ブラック・ボックスに入っている食肉の世界――そこに集まるカネに群がったのは、政治家であり、暴力団であり、同和団体だった。

中川一郎、鈴木宗男、太田房江、松岡利勝、松山千春、八角親方、そして渡辺芳則……オモテとウラの住人たちが交錯する。

87年、浅田が逮捕されたとき、警視庁の捜査員は年商3000億円をはじき出すグループのトップが、字を満足に書けなかったことに驚かされたという。

取り調べと並行して、捜査員が漢字を教える毎日。調書にサインする日、浅田は生まれて初めて漢字で自分の名を書き、声を詰まらせてこう話した。

「ありがとうございました」
あれから20年、「食肉のドン」と呼ばれた男、浅田はいま何を思うのだろうか。

浅田　満の言葉

「私は畏敬の念を込めて『会長』と呼ばれていました。私が配下の者に指示し、制度を悪用した私が一番悪いのです」

▼昭和最後の汚職

ひとりで竹下内閣を壊滅させた「東大卒」ベンチャー企業家

江副浩正

リクルート会長

氏　　名　江副浩正（えぞえひろまさ）
生年一没年　1936—
肩　　書　リクルート会長
略　　歴　愛媛県に生まれる。父は数学教師。東京大学教育学部時代は東京大学新聞社に所属。卒業後、株式会社大学広告を設立。これがリクルートの前身となる。1988年、値上がり確実とされたリクルートコスモス株を政治家、官僚らが受け取ったといういわゆる「リクルート事件」が発覚。証人喚問された。03年3月、懲役3年執行猶予5年の判決が出ると控訴せず確定した。この事件により竹下内閣は退陣を余儀なくされた。

88年に発覚した「リクルート事件」は、結果的に日本の政治史の流れを大きく決定付けた意味の大きい汚職事件である。

疑惑を最初に報じたのは朝日新聞だった。値上がりが確実視されたリクルートコスモス株を、90人以上にわたる政治家に譲渡していたのは、ビジネス界で注目を集めていた江副正浩リクルート社長だった。

江副が株を譲渡していた実際の時期は１９８４年から85年にかけての時期。江副はまだ37歳の青年社長だった。

85年10月に株が公開されると、予想通り値上がり。後に総理になる森喜朗は１億円以上の利益を得ていたことがわかっている。

会社の成長のための先行投資、地ならし的な意味合いのあったこの株譲渡事件では竹下内閣の退陣、竹下秘書の自殺という事態を引き起こし、後に自民党が野党へと転落するきっかけともなっている。

江副は東京大学時代、東京大学新聞で広告営業を学んでいた。そこで、これからの時代のビジネスチャンスを直感した江副は、大学を卒業するなり会社を立ち上げた、ベンチャーマインド溢れる青年であった。

仕掛けることが好きな江副は、リクルートの社員を国会議員の秘書として派遣し、人脈を結ぶという手法も編み出していた。そのことが、これだけ多くの議員の手に株が渡る背景となったわけである。

江副がこのとき、国会議員らに具体的な見返りを期待していたかどうかといえば、そこまではなかっただろう。将来リクルートをよろしく、という名刺代わりの「あいさつ」だったはずだ。しかし、こうした「根回しの良さ」こそ黒幕的人物の特徴でもあり、もし、あのとき事件がはじけなければ、江副は政財界で「平成の大黒幕」として君臨していたかもしれない。

この事件によって、一時的には激しいイメージダウンを余儀なくされたリクルート社であったが、そのまま潰れることはなかった。むしろその後、リクルート出身者のポテンシャルの高さが再評価されたといってもいい。

もともとベンチャーマインドを肯定しながら働くリクルートの風土では、独立退社は評価されることである。その結果、幾多の人材がビジネス界に旅立ちいま「元リクルート閥」を形成している。

江副浩正の言葉

「時間はお金では買えないが、買える時間はできるだけ買いなさい」

▼サラ金のドン

生涯「ワンマン」を貫いた叩き上げ社長の「カリスマ」

武井保雄

武富士会長

氏　　名　武井保雄（たけいやすお）
生年―没年　1930―2006
肩　　書　武富士会長
家族・交流　次男：健晃（武富士取締役）
略　　歴　埼玉県深谷市生まれ。10代の頃、地元の不良グループに属した時期がある。戦後、いくつかの仕事を経て団地の主婦向けの高利貸をはじめる。1966年に武富士の前身となる富士商事を設立。高金利時代に大きく業績を伸ばし、「サラ金バッシング」を乗り越え日本一の消費者金融に育て上げる。03年、批判記事を書いたジャーナリスト宅を盗聴した容疑で逮捕され、武富士会長を辞任。懲役3年、執行猶予4年の判決を受ける。06年に死去。

消費者金融大手には必ず、名物創業者がいる。いずれも戦後、小さな貸金業者からスタートし、大バッシングを乗り越えながら近代的な装置産業、金融機関へと成長させていく物語がそこにはある。

最大手の武富士にもまた「ドン」と呼ばれた男がいた。武井保雄である。

埼玉県深谷市で生まれた武井は、刺青、バクチ、ケンカをするなどアウトローの道を歩んだ。

60年代に入り、武井が着目したのは貸金業だった。

団地を外から眺め、洗濯物の状況などから、家庭の生活状況とライフスタイルを推理。あとは徹底したビラ・チラシ作戦で顧客を取る。カネに厳しい武井の「才能」が開花した瞬間だった。

高金利時代のサラ金は面白いほど儲かった。定期的なバッシングはあったものの、カネを借りたいという人がいなくなることはない。

会社が大きくなっても「武富士」はあくまで「武井商店」であった。街角でのティッシュ配りや、武井の写真に向かってのあいさつ――合理性と非合理性が一体となったまま、時代の波に押された武富士は成長を続けていく。「3倍遊ぶために3倍働け」これが武井イズムだった。

当時ビジネスとしての消費者金融は、非常にうまみの大きいものだった。40％以上の金利をつけることができたほか、ホワイト情報を蓄積・共有することで、自動的な与信が可能になった。誰もがボタン一つで貸し倒れのない適正金額を探し当てることができる。こうなれば、あとは儲かるだけである。

96年には念願の株式上場。あれほどサラ金を馬鹿にしていた銀行が、不良債権処理に苦しみ頭を下げて「手を組まないか」と誘ってきた。武井がわが世の春を謳歌したのはこの頃である。

だが、武井は落とし穴にはまる。あまりの「裸の王様」ぶりを批判する内外の声の大きさを見誤った。経団連に入り、上場企業となっても、武井はすべての権限を握らなくては気が済まなかった。

武井は批判的な記事を書いたジャーナリスト宅の盗聴を命じる。この違法行為の発覚で、ドンは表舞台から退場した。父の爪の先ほどの迫力もない息子に経営を任せようとしたが内部からの反発が起こり、軋轢を生じさせた。

06年、ドンは執行猶予の期間中にひっそりと死去した。

武井保雄の言葉

「右翼は暴力団に弱い。暴力団は警察に弱い。警察は右翼に弱い。この三つをうまく使って物事を収めろ」

▼起業王

一代で「世界一の資産王」狙う
平成の「ミスター・ベンチャー」

孫　正義

ソフトバンク社長

氏　　名　孫正義（そんまさよし）
生年―没年　1957―
肩　　書　ソフトバンクグループ創業者
家族・交流　弟：泰蔵（アジアングルーヴ社長）
略　　歴　在日韓国人の実業家の次男として佐賀県鳥栖市に生まれる。カリフォルニア大学バークレー校卒業後、福岡県で日本ソフトバンクを設立してコンピュータソフトの販売をはじめる。90年にソフトバンクと社名変更、94年に株式公開、96年に米ヤフーと合弁でヤフー（株）を設立。現在は通信大手ソフトバンクグループの総帥として多彩な事業を展開、日本有数の資産家となる。

平成の時代に入るや、彗星のごとく経済界に登場、常に台風の目となった孫正義が携帯電話ビジネスにも参入した。「通話料、メール代無料」の挑戦は日本中にとどろき、ここでも孫は存在感を見せつけた。

孫正義の非凡さは、アメリカ留学時の大学検定試験の際に見られる。試験問題を見て「この問題は日本語なら解けるはず」と、辞書の貸し出しを試験官に要求した。試験官は上司に相談、さらに上司はその上に、そのうち最後はカリフォルニア州知事にまで電話が回り、孫は州知事と電話で交渉したという。

このエピソードに孫のすべてが読み取れる。既成のルールの不備をつく。交渉する。

あきらめない。最後は勝利を勝ち取る。あの童顔で相当に強引、面の皮が厚いのである。

事業のスタートは孫とアルバイト2人だけだった。創業の日、りんご箱を置いて、その上で熱っぽく演説したという。「将来は売上高1兆円だ。世界一の会社を目指す」。24歳の青年が思いつめたようにブッたものだから、1人はまもなく出社しなくなった。

この創業時以来の大言壮語は、現在も変わらないという。不思議と人の心をとらえ、孫と会ったほとんどの人間は、彼の語る言葉と熱に胸を打たれるという。

孫はパソコンでいえばハードやソフトのメーカーにはならず、流通インフラ方面に集中している。その理由は孫一流の合理主義から来ている。ハードやソフトのヒット商品は世界的に大きな注目を浴びるが、それだけに開発競争は激しくなる。しかし、流通インフラを握っていれば、ヒット商品に左右されることはなく、長期にわたって安定的な収益が得られるはずと考えた。そしてその孫の読みは見事に当たった。

孫の成功の後、何度かベンチャーブームが到来し、かつての「ベンチャーの雄」もいまでは「元・ベンチャー王」に祭り上げられた感がある。しかし、物事に風穴を開けることに異常なまでの執念を燃やす孫イズムの信奉者はなお多く、日本になかった起業家精神の風土を持ち込んだ功績は、国民の利益という観点からもはかり知れない。

孫　正義の言葉

「将来は豆腐屋になりたい。いつか、一丁（兆）、二丁と数えるような……」

「相場の黒幕」B・N・F氏の生活

――相場師伝説……伝説の乗っ取り屋からジェイコム男まで

鍋島高明著『日本相場師列伝』（2巻・日経ビジネス人文庫）を読むと、日本のマネーゲーム史におけるヤマ師たちのエピソードと信条を簡便に俯瞰することができて面白い。

九州鉄道株を買い占めた竹原友三郎、学生時代から株にいそしんでいた「電力王」松永安左エ門、日清戦争時に郵船株で大儲けした朝吹英二、「最後の相場師」と呼ばれた是川銀蔵、白木屋乗っ取りの横井英樹ほか、明治から昭和にかけて、一攫千金を夢見た男たちのドラマが描かれている。

しかし、高度に情報化された現在のマネーゲームにおいては、昔でいう「相場師」は存在しない。昨今の株式暴落を見ても分かるように、グローバルな金融マーケットにおいては、おそらく本当の「黒幕」は日本にいないはずだからである。

しかし、結果として巨額の利益をあげ「伝説のトレーダー」ともてはやされている人物はけっこういる。あの05年12月に起きた「ジェイコム株誤発注事件」で「10分で20億円」を稼いだとして話題になった「ジェイコム男」ことB・N・F氏も、「現代のカリスマ」の1人といえるだろう。

この男性は、かなりの数のメディア取材を受けている。あまりにも資産が巨額になってきたことで、相場が動くたびに定期的なコメント取材が入る状況だが、08年の株価崩壊でも逆に資産を増やしていたことが分かり、改めてそのカリスマ性を高める結果となった。男性は、米国の伝説的投資家ビクター・ニーダーホッファーの名をもじってB・N・Fと名乗っている。

B・N・F氏は週刊誌の取材に答えて言う。

「株価が急落して、10月28日午前に7100円前後になったところで一気に買った。60億円ちょっとかな。電機、銀行、商社、自動車と何でも買ってますね。7000円を割り込んでから1億円以上の含み損が出てヒヤヒヤしたけど、最長で11月4日の米大統領選まで持つつもりでした。政権交代への期待で多少の値上がりがあるかと思って。でも、28日午後に急反発し、29日に8200円前後になったところで90銘柄ほどあったのをぜんぶ売った。ひと晩で12億円の儲けが出た計算です。もう少し待てばもっと儲かったけど、腹八分目ってことでちょうど良かったのかな」(『週刊朝日』08年11月14日号)

Ｂ・Ｎ・Ｆ氏は資産のリスク分散の観点から最近東京・秋葉原駅前のビルを90億円で購入したという。

10年前の元手はわずか１６００万円。２００億円以上のカネを持っていても、贅沢はせず、カップラーメンをすする。これもまた、いまどきの「黒幕」の姿なのだろうか……。

第八章　メディア　芸スポ　大富豪

▼新聞・テレビ・広告・出版

メディアの中の「黒幕」たち

第4の権力と呼ばれるマスメディア。ペンと電波を武器に情報を発信するマスコミ界の住人は、いたって黒幕的な動きをすることが多い。政財界と一般大衆の間に立つメディアの「大物フィクサー」を見ていこう。

里見甫
緒方竹虎
橋本登美三郎
太刀川恒夫
三浦甲子二
島桂次
海老沢勝二
氏家齋一郎
吉田秀雄
成田豊
斎藤十一
徳間康快
見城徹

「新聞」編

かつて満州で日本語新聞の記者をしながら、日本軍と国民党のパイプ役となり、阿片による資金を日本軍に送り続けたのは**里見甫**（1896―1965）であった。もともと、取材対象世界を自由に動き回る特権を持つ記者は、それ自体が「フィクサー」的な仕事といえる。政治の現場を目の当たりする彼らが「陰の支配者となろう」と考えるようになるのは、人間としてまったく不思議な話ではない。

「大正」の元号をスクープし、朝日新聞記者から副総理にまで登り詰めたのは**緒方竹虎**（1888―1956）である。

早稲田大学時代にはあの玄洋社・頭山満に師事。朝日新聞社に入社すると、若くして政治部長となり、１９３６年には主筆となった。

緒方は朝日の社内で「空気のような男」と呼ばれた。これは「存在感を感じさせない」という意味ではなく「いなければ絶対に困る」という意味である。

１９４３年、社長ら経営陣と対立し翌年、朝日を退社してそのまま小磯内閣の情報局総裁として入閣した。戦時中の話である。

戦後、１９４６年に公職追放されるが51年に解除。52年の衆議院選挙で当選し、吉田内閣で内閣官房長官をつとめた。当選１回での起用は極めて異例である。

新聞記者あがりの緒方にとって、抜きん出ていたのはやはり「情報力」であった。緒方は内閣官房内に「調査室」を設置。これが後の内閣官房調査室となる。

54年には自由党総裁をつとめたが、56年に風邪をこじらせ急死している。緒方の三男の妻は、国連難民高等弁務官をつとめた緒方貞子である。

同じく朝日新聞記者から自民党幹事長になった人物に、**橋本登美三郎**（１９０１―１９９０）がいる。

早稲田大学雄弁会から朝日新聞社に入社した橋本は、満州支局の勤務経験もある。外信部長などを経て、終戦の年の45年に退社した。

戦後政治家への転身を図るが２度落選。49年、３度目の衆院選でようやく当選し、以後12回の当選を重ねた。田中派の大幹部として活躍し、角福戦争では情報力をいかしさまざまな裏工作を担当。田中内閣の幹事長として君臨した時代が、橋本の絶頂期であった。

しかし、1976年にロッキード事件がはじける。運輸大臣在任中に500万円の謝礼を受け取ったとされた橋本は逮捕され、事実上政治生命を終えた。

現在、東京スポーツ新聞社会長の**太刀川恒夫**（1937―）は、あの児玉誉士夫の秘書だった。

太刀川は大学時代、児玉に送り込まれる形で中曽根事務所の雑巾掛けをしていた時期もある。

あのロッキード事件では被告となり、懲役4カ月執行猶予2年の実刑判決も確定したが、控訴もしなかった。昔も今も太刀川は決してロッキード事件や児玉誉士夫を語らない。それは、児玉自身が昭和の闇を墓場まで持っていった姿勢とよく似ている。

東京スポーツは、芸能・格闘技を大きく扱う夕刊紙。ウソかマコトか分からない紙面づくりで知られるが、一方で裏の世界に顔の利く太刀川の名は業界に知れ渡っている。人はみな太刀川の奥に児玉の亡霊を見ているのかもしれない。

「テレビ」編

「テレビ朝日の法王」と呼ばれ、政界のフィクサーとして鳴らしたのが三浦甲子二（1925―1985）である。

三浦は朝日新聞出身。東京本社政治部次長を経て、65年、日本教育テレビに出向した。

すでにやり手の政治記者として知られていた三浦の名をさらにテレビ業界に知らしめたのが、1980年に開催されたモスクワ五輪の独占中継権の獲得だった。

これは、三浦がソ連外交を得意とする河野一郎に深く食い込んでいたためである。NHKをはじめ、民放他局を唖然とさせた三浦の大手柄であったが、ここで予想外の事態が起きる。ソ連のアフガニスタン侵攻をめぐり米国が五輪ボイコットを表明。日本もそれに追随する形で不参加を表明する。

日本人の出ないモスクワ五輪中継は大幅に計画が縮小されてしまった。しかし「テレ朝に三浦あり」の評判は広く定着することとなったのである。

三浦は文章を書くことよりも、取材対象者に食い込み人間関係を築くのが好きな記者だった。

業界の常識を破り、午後10時のニュース番組「ニュースステーション」をスタートさせたのも三浦の意向であった。

まだ民放の取材網が脆弱だった時代、それを克服する手段は親会社の新聞社の人脈を取り込むことだった。三浦の強引な仕事ぶりは、テレビ朝日のプロパーたちから反感を買うこともあったが、政権中枢とのパイプを握る三浦の実力には逆らえなかったという。

昭和のNHK最大の権力者といわれ「シマゲジ」の異名で呼ばれたのが、15代NHK会長の**島桂次**（1927―1996）である。

東北大学文学部を卒業後、NHKに入局すると政治部記者となり池田勇人、田中角栄らとパイプを作る。その蜜月関係は「自民党の代理店」と評されたほどだ。（後にNHKが特集した検証番組「ロッキード事件5年」では、三木元首相の発言がカットされるという事件が起き、これが島の指示だったことがわかっている）

島は、当時テレビ慣れしない多くの自民党幹部に、テレビの影響力、出演のコツと意義を説いた人物として知られ、逆に完全なテレビ時代が到来した70年代以降は、テレビを利用したい自民党側の思惑と相まって強大な権力を握ることとなった。

だが、91年、島は衛星放送打ち上げ失敗問題をめぐる虚偽答弁を野中広務に追及され、NHK会長を引責辞任する。テレビの男がテレビによって足元をすくわれたのは皮肉であった。

島の部下で、同じくＮＨＫ政治部で活躍した**海老沢勝二**（１９３４―）もまた「エビジョンイル」と呼ばれたテレビの権力者であった。

早稲田大学政治経済学部を卒業後、57年にＮＨＫ入局。島にかわいがられ、田中、中曽根ら「島人脈」を一手に引き継ぐことのできた海老沢が「第２のシマゲジ」となるのに時間はかからなかった。

海老沢がＮＨＫ会長時代の01年1月、女性国際戦犯法廷をめぐる「番組改編問題」が起きている。

放送前の番組について、自民党幹部が圧力をかけてきたとする問題で、番組のチーフ・プロデューサーは涙の記者会見を行ない、この問題を取材する朝日新聞とＮＨＫの代理戦争にまで発展した。

しかし、このとき海老沢は一貫して番組編集に問題はなかったとし、報道局長に指示して政治問題に発展しないよう懸命の火消しを行なったとされる。

その後、独裁批判と幹部の公金横領事件など不祥事により、海老沢もまた島と同じように会長職を追われた。

日本テレビ議長で、渡邉恒雄と並ぶ読売グループの重鎮が**氏家齋一郎**（１９２６―）である。

東大経済学部卒業後、読売新聞社に入社。読売グループ会長の渡邉恒雄は東大、読売と1年先輩である。

渡邉恒雄の回顧録を読むと、所々に氏家の名前が登場する。ふたりは東大時代に知り合うが、読売時代にもコンビで仕事をしている。お互いに酒を酌み交わした仲でもあったのであろう。

そんな渡邉が氏家について

「氏家は新聞記者じゃない、経営者だ。原稿はうまくないが、情報はとった。情報記者であって、書く記者ではない」

と言っている。情報記者という呼び方があるとは驚いたが、ふたりははっきり役割分担を決めて、つまり氏家＝経営、渡邉＝編集ということで読売のためにやってきたという。

現在、読売新聞社の本社が建っている大手町の土地は元々旧大蔵省が管理する国有地であった。佐藤内閣時代、この土地が民間に払い下げられることになったが、このとき、各社名乗りをあげたなかで読売が払い下げを受けたのは、氏家、渡邉の青年コンビであった。

氏家は、読売の進出に強硬に反対する産経新聞を説得するために、当時の野村證券社長の奥村綱雄や新日鉄の社長永野重雄などのもとに何度も通ったという。

一方、政界工作は渡邉恒雄が担当、このときのはたらきでふたりは出世階段を上っていくわけだが、どうもこの読売コンビは、ジャーナリストというよりもこのような工作活動が得意なようだ。

氏家はその後、社内の政争に常勝とはいかず、日本テレビに転出する。新聞の販売部数に代わる視聴率という数字を追いかける仕事にまい進することになる。その発言力は「日本テレビの天皇」と陰口されるまでに強大なものとなっている。

「広告」編

黒幕とは本来、表舞台に名前の出ない人物たちのことをいう。

その意味で、今の日本の「本当の黒幕」は誰かと考えてみると、行き当たるのが「電通」である。

日本におけるさまざまなイベントと宣伝を一手に引き受け、いまや政党や企業の対外戦略に欠かせないブレーン集団──それは、日本最大の広告会社「電通」だ。彼らはメディアをも支配する、本当の黒幕である。

戦前にこの「電通」に入社し、「広告の鬼」と呼ばれたのが**吉田秀雄**（1903─1963）である。

吉田は東京帝国大学経済学部を卒業後、1928年に電通入社。戦後の47年から社長をつとめ「電通の鬼十則」として知られる哲学を編み出した。

そのあまりに有名な10の教えを紹介しよう。

①仕事は自ら創るべきで、与えられるべきでない。

②仕事とは、先手先手と働き掛けていくことで、受け身でやるものではない。

③大きな仕事と取り組め、小さな仕事はおのれを小さくする。

④難しい仕事を狙え、そしてこれを成し遂げるところに進歩がある。

⑤取り組んだら放すな、殺されても放すな、目的完遂までは……。

⑥周囲を引きずり回せ、引きずるのと引きずられるのとでは、永い間に天地のひらきができる。

⑦計画を持て、長期の計画を持っていれば、忍耐と工夫と、そして正しい努力と希望が生まれる。

⑧自信を持て、自信がないから君の仕事には、迫力も粘りも、そして厚味すらがない。

⑨頭は常に全回転、八方に気を配って、一分の隙もあってはならぬ、サービスとはそのようなものだ。

⑩摩擦を怖れるな、摩擦は進歩の母、積極の肥料だ、でないと君は卑屈未練になる。

広告というメディアの「血液」をコントロールする電通の前には、モノをいえる新聞社・テレビ局は皆無だった。

吉田はアメリカの広告術を研究し「影の情報局」「築地CIA」と呼ばれた。戦後のメディア界を代表する黒幕に正力松太郎をあげる人は多いが、その正力でさえ、吉田の前では色を失ったという。

その電通で「平成の天皇」と呼ばれたのが**成田豊**（1929―）である。

東京大学法学部を卒業後、1953年に電通入社。93年に社長に就任すると、15年以上の長期にわたり「ドン」として君臨。

この間、本社の株式上場や日韓ワールドカップを指揮したほか、民放の役員もつとめるなど「真のメディア王」として権勢をふるった。

「出版」編

戦後の文壇に大きな影響力を及ぼし、日本の出版ジャーナリズムの原型をつくった男といわれるのが、「新潮社の天皇」こと**斎藤十一**（1914―2000）である。

正力松太郎や石原慎太郎、中内功といった政財界の大物たちを取材し続けてきたジャーナリストの佐野眞一が「生きているうちにぜひ取材をしたかった」と悔やんだのがこの斎藤であった。

早稲田大学を経て1935年新潮社入社。並みいる大物作家たちの原稿を一目で

「貴作拝見、没」と斬り捨てる一方、無名の新人を発掘し、必ずといっていいほどブレークさせたという伝説が残る。

１９５６年、出版社として初となる週刊誌『週刊新潮』を創刊。インテリ俗物主義と言われた本音の視点と、イヤミだがつい手に取らせる天才的なタイトル付けで、日本の出版ジャーナリズムの原型をつくったといわれる。その後、大手出版社はこぞって週刊誌市場に参入した。

81年には写真週刊誌『ＦＯＣＵＳ』を創刊。

「おまえら、殺人犯のツラが見たくねえのか」

こういった率直過ぎるコンセプトで編集された誌面と、少数意見を代弁しながら世論に訴えかけていく手法で人気が爆発。２００万部以上を売る社会現象となった。

斎藤は00年に死去。01年の神戸児童殺傷事件では、逮捕された14歳の少年Ａの顔写真を『ＦＯＣＵＳ』が掲載。「斎藤イズム」の健在が証明された。

「徳間グループ」を一代で築き上げたのは、元読売新聞記者の**徳間康快**（１９２１―２０００）である。

早稲田大学卒業後、読売新聞社入社。労働争議で49年に退社すると、54年に「東西芸能出版社」を設立。ここで現在の『アサヒ芸能』に連なる『アサヒ藝能新聞』を発刊する。

徳間の才能は、出版と他のエンターテインメントビジネスをリンクさせることによって、飛躍的に価値を増大させる手法に現れた。

74年には大映を買収し社長に就任。そして、「アニメージュ」で宮崎駿に連載を持たせ、日本映画史上に残る名作『風の谷のナウシカ』を世に送り出した。

平成の出版界で「黒幕」と呼ばれるのが、幻冬舎社長の**見城徹**（1950─）である。角川書店時代から「風雲児」としてその名を轟かせていた見城は、作家、クリエイターと濃厚な人間関係を結ぶことによって「作品」へのこだわりを具現化。

93年に仲間5人とともに文芸を中心とする出版社「幻冬舎」を設立し、勝負に出た。見城の人脈をいかしたベストセラーを連発。芸能関係に強く、郷ひろみの告白本『ダディ』は社会現象にもなった。

石原慎太郎、五木寛之らをはじめとする文壇の大御所とたいていパイプがあり、文芸の世界で現状、最強の編集者として知られる。

▼五輪、野球、競馬から芸能界まで

「芸スポ」黒幕列伝

実力と権力とカネが交錯するスポーツ・芸能界。表舞台だけでは分からないパワーゲームの勝利者たちはここにいる——

堤義明
根本陸夫
金村義明
田名部和裕
佐伯達夫
村山弘義
安田伊左衛門
吉田善哉
近藤利一
川村龍夫
周防郁雄
ジャニー喜多川

「野球」編

プロ野球に限らず、アマチュアスポーツ全体を通じて「最大の黒幕」といえるのが元西武ライオンズオーナーの**堤義明**（1934—）である。

リゾート開発を基幹事業として拡大してきた西武グループにとって、五輪とスポーツは欠かせない「ビジネスツール」であり、堤が早くから日本体育協会のドンに君臨してきたことは有名である。

だが、プレーヤーではない堤にとって、スポーツとは所詮ビジネス以外の何ものでもなかった。

89年、V逸のライオンズ・森祇晶監督（それまでは3年連続日本一）に向かって「来季もやりたければおやんなさい」と声をかけたシーンや、有名女子スケート選手に「オレの女になればリンクの1つや2つ買ってやる」と話したことは有名だが、そうした愛情のない数々の言葉は、オーナーを追われた寂しき晩年をあらかじめ予感させるものがあった。

では、プロ野球のグラウンドに立ったことのある「黒幕」といえば誰か。まずあげられるのは、西武ライオンズの監督も経験した「球界の寝業師」こと**根本陸夫**（1926―1999）である。

選手の囲い込み、ドラフト戦術、チーム編成、トレード、球団運営、そして「裏金」システム等々、チームを勝たせるためのあらゆる方法を考え出したのが根本であった。その根本システムともいうべき勝利の方程式は西武、ダイエーでひとつの完成形として花開いたが、根本の死後、激変する業界事情のなかで否定された部分も多い。

根本の実力は「どうしても必要な選手をどんな手段を使ってもとる」という部分に如実に現れた。囲い込みや誠意という名の現ナマは当たり前。ルールスレスレの「ニセ進学宣言」や「球団職員作戦」など、フェア精神のカケラもない無茶な方法を駆使した。

だがそれで、工藤公康や石毛宏典、郭泰源、秋山幸二、伊藤勤、城島健司らを獲得できたのである。「裏金問題」というハレーションが表面化するまで、この根本式は

「やったもん勝ち」として評価された。

根本の言葉は、いつも抽象的で分かりにくいとされ「言語大量、意味不明」などと揶揄された。これは、あの竹下登元首相の「言語明瞭、意味不明」を借りたものであろうが、どちらも「黒幕」だったということは共通している。

また、若い黒幕選手として、近鉄、西武でプレーした**金村義明**（1963―）があげられる。

いわゆる在日の金村は、スポーツ界に広がる「同胞ネットワーク」を築いており、また解説者としてテレビ局、新聞社、芸能界にも顔が利く存在として知られている。報徳学園という高校野球の名門出身で甲子園優勝投手でもあるため、関西の球界人脈も広い。純粋な指導者としての実力は未知数だが将来の「球界フィクサー」としての要素は兼ね備えている。

なお、高校野球の「ドン」といえばこの人、「高野連の天皇」こと**田名部和裕**（1946―）参事である。

かつて、高野連には「佐伯天皇」こと**佐伯達夫**（1892―1980）・初代会長が君臨していたが、田名部氏はいわば「2代目天皇」である。

関大時代は野球部マネージャーだった田名部は卒業後、すぐに高野連事務局に入った叩き上げ。野球選手としての実績はほとんどない田名部がなぜ、参事という肩書でありながら歴代会長を凌ぐ実力を持つようになったのか。

それは、田名部が高校野球の世界の「不祥事」の情報管理と裁定を一手に引き受けているからだといわれる。

清く正しくのイメージが強い高校野球であるが、実際はキレイ事ばかりではない。不祥事が発覚すればチームには厳しい処分が待ち受けているが、将来プロを目指していく選手たちにとって、それは人生にも関わる問題となってくる。

「どんな些細なことであっても、不祥事は報告せよ。報告すれば処分は軽くする。しかし、報告がなければ責任は持てない」

田名部はこうした方針を打ち出すことによって、高校野球の暗部を知り尽くす存在になった。それは、人の弱みを握ることでもある。情報を独占する「システム」の中心に身を置くことで、田名部は権力者となったわけである。

近年、問題の多い高校野球界において、田名部の独裁を批判する声もある。そんなとき、田名部自身は「私をドンと呼ぶなら、それはドンくさいのドンでしょう」と切り返すのみである。

「大相撲」編

大相撲における「黒幕」は主に3つのタイプに分けられる。

それは、

①日本相撲協会の最高権力者である理事長、及び理事に影響を及ぼす人物

②現役力士の地位や給料をコントロールする八百長工作者＝「中盆」

③相撲部屋、特に横綱・大関の有力タニマチ

の3つである。では最近の角界において、こうした条件に合致する存在は誰になるのだろうか。

08年、力士の大麻問題や新弟子暴行死事件などスキャンダルの責任を取る形で北の湖理事長が辞任。元横綱三重ノ海の武蔵川親方がリリーフ登板した。

本来、一代年寄でもある北の湖理事長は「10年政権」と予想されるほど長期政権が確約されていたが、トラブル対処能力のあまりの低さに辞任せざるを得なかった、というのが真相である。

では、前述①にあたる、武蔵川理事長を動かし、モノが言えるのは誰なのか。

いまの理事を見わたす限り、現役時代、横綱まで昇進した武蔵川理事長にモノが言えるとなると、九重親方（元横綱千代の富士）と北の湖親方の2人。

どちらも現役時の実績では武蔵川理事長を圧倒しているが、弟子育成の実績では、1横綱3大関を育て上げた武蔵川理事長に軍配が上がる。また、現役時代に八百長疑惑で叩かれ続けた九重親方は、反無気力相撲キャンペーンを打ち出している現在の協会の中にあって、発言力はそう大きくない。

本来、立場の強い現役横綱の師匠も、問題児・朝青龍の指導力を問われている高砂親方（元大関朝潮）と、これまた女性スキャンダルの宮城野親方（白鵬の師匠・元十両）ではお話にならない。

注目は、新理事長が新しく導入した「外部理事」の**村山弘義**（1937―）元東京高検検事長だ。

武蔵川理事長とは現役時代から親交があり、以前から武蔵川部屋の後援会にも顔を出している。

今回の村山氏の「理事」起用は、週刊誌と進行中の八百長裁判をめぐる「法廷対策」の狙いがあるとも見られており、まさに村山氏が相撲協会の「黒幕」と化す下地は整っている。

②③については、外国人力士の増加もあり、かつて最強の中盆として君臨した板井（元小結）のような力士は見当たらない。

しかし、この08年に開催されたモンゴル巡業にも同行した森喜朗元首相が大のモンゴル贔屓として知られている。
一説に、朝青龍のタニマチのひとりである細木数子が、森に開催が危ぶまれていたモンゴル巡業の実現を頼んだともいわれているが、つくづく「黒幕」と呼ばれる人はどこでも「黒幕」として名前があがってくるから不思議だ。

「競馬」編

競馬における元祖・黒幕は「日本競馬の父」と呼ばれた男、**安田伊左衛門**（1872―1958）。

幼少の頃から馬が好きで、泣きやまぬときでも馬を見ると機嫌が直った。志願兵となった際には仕事のきつい騎兵科を選び馬術を身につけた。結婚の際の結納返しに馬を所望し妻の親族を呆れさせた。そして、競馬法を改正するべく代議士となった。明けても暮れても競馬のことだけを考えた〝馬政家〟により、今日の競馬会の礎が築かれている。

1906年、安田は佐竹武士騎手の進言で1頭の馬を購入した。誰もが嫌う芦毛にもかかわらず、当時では破格の2500円。

「あんな馬走るものか」という陰口が叩かれる中、愛馬水天は帝室御賞典（現在の天皇賞）を優勝する。

部下をよく怒ったが、15分もすれば笑顔に戻った。朝の調教に姿を現さない騎手をしばしば一喝したが、自身が馬を見ようと厩舎を訪れた際、騎手や調教師が寝ていると「馬手は朝が早いから」と、決して起こそうとはしなかった。自分の都合だけで動かない人間性が、部下に慕われる要因となったようだ。

馬匹改良という大命題のためには競馬が必要だと唱えたが、同時に開催資金を得るため「馬券」の必要性も認識していた。賭博を禁ずる政府が馬券を禁止している最中、私立馬券（ノミ屋）から馬券購入を頼まれたが、「禁止されているものを買ったら、安田は賭博が好きだから馬券をやりたいのだと誤解を招く」と、きっぱりと拒絶している。

人一倍人情家であったため「安田さんのためなら」と多くの人々が協力した。競馬事業以外にも、郷里の木曽川大工事における国の不当な土地収用に猛反対、村民の危機を救いたいという侠気から12回もの訴訟を繰り返し勝利を収めている。

日本最大の生産牧場・社台ファームの創業者が**吉田善哉**（１９２１―１９９３）である。

産駒が70勝を超えるＧ１勝ちを収めた名種牡馬・サンデーサイレンス。だが米国供用時、種付けを申し込む生産者はたった２人しか現れなかった。見向きもされない馬に、なぜ吉田善哉は16億円もの大金を出したのだろうか。

生前の吉田は、記憶力の良さを指摘された際「普通の人は車を乗り回したり女遊びしたり、テレビやレジャーなど多くの趣味に打ち込むが、私は頭を全部、馬のことに使っているんだ」と口にした。

数千頭もの馬の血統や競走成績をすべて記憶し、姿を頭に焼き付けていたのだ。脳裏にある名馬の残像と数多くの経験則から、サンデーサイレンスに種牡馬の理想像を見たのだと思える。家族が少々高い買い物をすると小言を言うなどケチな面もあったが、こと馬には投資を惜しまない。稼いだ金をすべて馬に使うからこそ、人生最後の大勝負に勝てたのだろう。

吉田の人生はしばしば強運に見舞われた。若い頃、不治の病といわれた結核を患ったが、時を同じくして特効薬が開発された。北海道・早来に牧場を開く際、良質な草を生やすため、厚さ1メートルもある火山灰を入れ替える必要が生じた。10億円の工事費がかかるはずだったが、建築用ブロックの製造会社から火山灰の譲渡を頼まれ、無料で土を入れ替えることができた。

悲願の日本ダービー優勝を成し遂げたダイナガリバーの育成時代、担当者に「この馬はダービーを勝つ。間違いないから大事に育てろ」と厳命した。「生産者らしい口癖」とも思えるが、「ダービー優勝」を口にしたのは後にも先にも一度だけだったという。

優勝後、人目もはばからず大粒の涙を流したが、表彰式を終えた後の車中では頭を切り替え従業員に翌日の仕事を指図。驚くべき気持ちの切り替えが見える。

「生産者は預言者でなくてはならぬ」—適正価格の曖昧な競走馬の売買において、吉田は常に「この馬は走る」と口にした。その結果、「あの大ボラ吹きめ」と陰口を叩かれることもあったが、決して出まかせではなかった。「生産者が自慢できずに馬が売れるか」という信念の言葉である。

馬主の世界のドンと呼ばれる男が**近藤利一**（1942—）。

97年、アドマイヤベガを初めて見た近藤は、その場で面識のない武豊に電話を入れている。「武君でダービーを勝とうと思っている」と話す近藤に対し、武豊は「よろしくお願いします」と快諾。その後、このコンビはいくつものG1を勝ったが、07年初夏、アドマイヤムーンの香港遠征敗戦に怒った近藤が、武豊を一切乗せなくなった。

その後の好走で、同馬に40億円のトレードマネーが発生したことから、このケンカは近藤にプラスに働いた。名手に三行半を突きつけた彼に追随、武豊を騎乗させない調教師も現れる現実を見ると「競馬会における馬主としての影響力」が見えてくる。

ここ十年来、競馬界では馬主と調教師の関係が逆転していた。馬房数に限りがあるため、有力調教師が馬主を選別できる立場となっていた。機嫌を損ねると馬を預かってはもらえない。「金を出す人間より預かるほうが上」とはおかしな話だが、そうした風潮に風穴をあけたい、と思っているのは確かだろう。

競馬界における厩務員の給与形態は特殊である。厩舎に所属しながら、給料は馬主が負担する預託料から支払われている。組合が強く、たびたびストライキが断行されてきた。歴代の馬主協会連合会役員は労使交渉に消極的だったが、〝モノ言う馬主〟近藤利一は違った。公正取引委員会と何度も折衝、「厩務員に対する馬主の使用者性」を認めさせ団体交渉に参加。円満解決金のカットや空き馬房に対する預託料請求をしないとの取り決めをするなど、馬主の負担を軽減させている。高い交渉力から次期会長との呼び声も高まっている一方、落馬の連絡を受けた電話で「人はええ。馬はどないしたんじゃ」と発言、調教師との関係が切れたともいわれる。

横綱朝青龍の自宅謹慎中、マスコミの前で「息子」の様子を語った近藤は、優勝がかかった08年春場所の千秋楽、白鵬を破り優勝を決めた朝青龍と花道で抱き合った。テレビ画面に初めて映る「生々しいタニマチの姿」だったが、その後、相撲協会から「木戸御免証」が贈られている。春場所前夜祭の後援が評価されてのものだが、関係各所を支援しつつの発言力向上で「生きた金の使い方ができる馬主」といわれている。セレクトセールで10億円以上の金を使うのも、競馬界での発言力を増すためかもしれない。

「芸能界」編

人間そのものが「商品」である芸能界。そこには暴力装置の働く「守り神」が必要になる。

あの美空ひばりの後見人となった三代目山口組・田岡一雄の時代から、芸能界の実力者と呼ばれる者たちは、どこかアウトローの匂いを漂わせている。

大手芸能事務所「ケイダッシュ」会長の**川村龍夫**（１９４１―）の顔は、芸能界の首領のイメージとぴったり重なるように見える。

立教大学在学中、市川高校の同級生だったロカビリー歌手・鹿内孝に誘われ、マネージャーをつとめることになったのが、芸能界入りのきっかけだった。

その後、「青い瞳」などで知られ、60年代に一世を風靡したブルーコメッツのマネージャーとなる。

そして、タモリらが所属することで知られる業界の有力事務所田辺エージェンシーに移籍。１９９３年、田辺エージェンシーからのれん分けする形でケイダッシュを設立した。

小さな芸能プロダクションでスタートした川村が生き残る道として考えたのは、メディアを徹底的に利用することだった。

どんな形でもテレビや雑誌に露出させ、その露出と宣伝が信用を生み、さらに露出が増える──もちろん、金はない。マネージャーが人の何倍も働くことで、一歩一歩タレントをメジャーにしていったわけである。

60年代から70年代にかけての大手芸能事務所では、古いしきたりが色濃く残っており、新参者が参入しにくい構造があった。その意味では、川村が小さくてもしがらみのない事務所でスタートしたことは幸運であったかもしれない。

90年代以降、ケイダッシュには次々と若手の実力派タレントが集まり、日本の最有力芸能事務所のひとつとなっている。看板タレントのひとり、坂口憲二の父は元新日本プロレス社長の坂口征二である。川村は新日本プロレスの取締役にも名を連ねている。

この川村と市川高校の同期が、同じく芸能事務所「バーニングプロダクション」の天皇、**周防郁雄**（１９４１―）である。

周防はかつて、国会の暴れん坊・浜田幸一が千葉県議だったころ、運転手をつとめていた。千葉県議といっても、浜田は「木更津のダニ」と呼ばれ、地元の不良上がりだった男である。裏社会とのつながりもあった。周防は社会人の入口から「芸能界的」な職場に身を置いていたことになる。

その後、ホリプロを経て１９７１年「国際プロダクション」を設立。同年、本郷直樹の「燃える恋人」にちなみ「バーニングプロダクション」と社名を改めた。

現在の芸能界で「バーニング」といえば泣く子も黙るコワモテ事務所として知られる。肖像権や著作権ビジネスに力を入れており、芸能界の紛争処理機関でもある「日本音楽事業者協会」（音事協）の事実上のドンが周防とされる。

また、日本最大の男性アイドル事務所の創設者、**ジャニー喜多川**（１９３１―）も、芸能界の大黒幕のひとりだった。

過去に起きた「ホモセクハラ裁判」や、複数の男性タレントの証言により、ジャニー喜多川が同性愛を好み、ときにタレントたちと性的関係を持っていたことが明らかになっているが、その事実を大手メディアが追及することはタブーとなっている。

独立した田原俊彦や、オートレーサーに転向した元ＳＭＡＰの森且行らがジャニーズの歴史から「抹殺」されていることからも分かるように、組織を裏切ったり批判するような勢力に対し極めて厳しい態度を取ることで恐れられている。

こうした「ジャニー伝説」が有名になるにつけ、逆に黒幕としての神秘性は薄れた感もあるが、少なくともテレビメディアの世界における「威光」は健在である。

▼長者番付&資産ランキングに見る

「黒幕」の素顔

信じられない金額を稼ぎ出している、知られざる大金持ちたち。彼らこそ、資本主義経済を支配する「大黒幕」といえるだろう。アメリカ『フォーブス』誌および高額納税者番付から気になる名前をピックアップ！

斎藤一人	清原達郎
吉田照哉	福田吉孝
高橋洋二	元谷外志雄
金沢要求	山川雅之
マイケル・オハンロン	
喜多川拡	神内良一
森章	藤島メリー泰子
三木正浩	滝崎武光
永守重信	韓昌祐

個人情報保護法の施行にともない、２００６年から公開されなくなっている高額納税者リスト、いわゆる「長者番付」。ここでは05年版をもとに「長者」常連者の素顔を見ていこう。

「長者番付」編

１００億円稼ぐスーパーサラリーマンと話題になった1位の**清原達郎**氏はファンドマネージャー。本人は一切取材を受けない主義だが、話を総合すると個々の銘柄の発掘がうまかったということらしい。

東大を卒業後、野村證券、ゴールドマンサックス、モルガン・スタンレーなどそうそうたる会社を渡り歩いた投資プロ。それにしても、激しい稼ぎ方だ。

あまりのインパクトに「清原銘柄」「清原式」なる本まで本人の知らぬところで出版されるほどのブームとなったが、「その後」の成績が分からないのは残念である。

4位の**斎藤一人**氏は「銀座まるかん」創設者。「スリムドカン」などダイエット食品で知られる成功者で、毎年10位以内に顔を出す。この長者番付に名前が載ることで、抜群の広告効果があるため、あえて節税対策をしないという「勝者の論理」で有名。しかし、本人は基本的に顔を出す取材は受けず、趣味はひっそりとひとりで国内旅行に行くことだというから変わっている。

8位の**福田吉孝**氏はアイフル社長。04年当時はチワワの「くぅ～ちゃん」ブームもあって追い風が吹いていたが、その後の出資法改正で消費者金融を取り巻く状況は一変している。

9位の**吉田照哉**氏は日本最大のブリーダー「社台ファーム」代表。こちらも必ず上位10傑に食い込んでくる常連だ。弟の勝己氏（ノーザンファーム代表）も19位と日本一の金持ち兄弟だ。

32位の**元谷外志雄**氏（アパグループ代表）はあの防衛庁論文問題の黒幕的存在。元谷氏の自由な言論はこの潤沢な「資金」によって担保されていることは頭に入れておく必要があるだろう。

37位、沖縄に住所がある**高橋洋二**氏は、かつて消費者金融を経営していた「ユニマット」グループのドン。過去には全国1位の納税額だったこともある。住所が沖縄の理由は、かつて若い頃に沖縄を愛した高橋氏の「恩返し」だという。住民票を沖縄の小さな島に移せば、億単位の住民税がその島の住所の村に落ちることになる。その額たるや、島全体の住民税約10年分以上だったというから凄い。

「海物語」で君臨する「金沢氏」

40位の**山川雅之**氏はプチ整形ブームでブレークした若きイケメン整形外科医。鳥取大学医学部卒だがビジネスでは東大医学部に圧勝。47位の**金沢要求**氏はパチンコ人気機種「海物語」の三洋物産社長。他にも一族がランク入りしており、まさに「海」恐るべしである。

69位の外国人、**マイケル・オハンロン**氏の職業はなんと先般倒産したリーマン・ブラザーズ証券。わが世の春を謳歌したわずか数年後、経営破たんの憂き目にあっているのかと思いきや、07年にちゃっかりとワシントン・ブルッキングス研究所の上級研究員に転職していた。このオハンロン氏はいまや民主党系の米国を代表する安全保障評論家である。やっぱりデキる奴は違うということか。

78位の**神内良一**氏は消費者金融「プロミス」創業者。現在は原点のライフワーク

「農業」に打ち込んでいる。91位の**喜多川拡**氏はご存知ジャニーズ事務所社長。副社長の**藤島メリー泰子**氏とともに推定年収10億円を稼ぎ出している。やはり、芸能界はタレントより事務所社長が儲かる仕組みのようだ。

「資産ランキング」編

次は米『フォーブス』誌の定番企画「資産ランキング」である。こちらは２００８年の情報で新しい。

資産はドルで、個人だけではなく一族をまとめた数字になっている。円高が進んでいるが、ここは簡便に１ドル１００円と考えると10億ドルは１０００億円。１位の森トラスト・**森章**社長の資産は７５００億円ということになる。

しかし、世界全体ランキングで見るとこの国内１位の森氏でも１２４位。「格差社会」が叫ばれて久しい日本であるが、まだまだそのスケールは諸外国にかなわないようである。

４位の孫正義氏（ソフトバンク社長）、７位の**滝崎武光**氏（キーエンス社長）は、ともに比較的最近上場した会社にもかかわらず、ここまで資産を増やしてきた。

14位の**三木正浩**氏（ＡＢＣマート創業者）は06年、傘下の関連企業を使い、ＴＢＳの株式を買い占めたことで話題になった。当時、TBSの株を楽天が20％近くにまで買い占めており、企業防衛をはかるTBSと激しいつばぜり合いを繰り広げていた時期だったからだ。

しかし、三木氏は7％ほど買い占めたTBS株をその後あっさりと売却。ABCマートの狙いは謎だったが、後になって三木氏の娘がTBSから内定をもらったということが分かり、娘を就職させたいがための「親バカ買い」だったのではないかと噂された。もちろんあくまで噂であるが……。

08年、カンボジアに日本が出資する初めての銀行（「マルハンジャパン銀行」）が進出するニュースが流れたが、そのオーナーこそ、17位の**韓昌祐**氏。一代でパチンコ「マルハンチェーン」を育て上げた在日韓国人で、地元京都での影響力はよく知られている。

20位の**永守重信**（日本電産創業者）も、京都出身のカリスマ経営者である。元旦の午前中を除き365日、1日16時間働くという社長で、モットーは「すぐやる、必ずやる、できるまでやる」。そのくらいの気概がなければ、大富豪の道は遠いのかもしれない。

本書は、二〇〇九年一月に発行された
別冊宝島１５８０号『日本の「黒幕」２００人』を改訂し、文庫化したものです。

宝島
SUGOI
文庫

日本の「黒幕」200人（にっぽんの「くろまく」にひゃくにん）

2009年9月19日　第1刷発行
2010年11月4日　第3刷発行

編　者　別冊宝島編集部
発行人　蓮見清一
発行所　株式会社 宝島社
〒102-8388　東京都千代田区一番町25番地
電話：営業 03(3234)4621／編集 03(3239)5746
http://tkj.jp
振替：00170-1-170829（株）宝島社
印刷・製本　株式会社廣済堂

乱丁・落丁本はお取り替えいたします
©TAKARAJIMASHA 2009 Printed in Japan
First published 2009 by Takarajimasha, Inc.
ISBN 978-4-7966-7375-4

宝島SUGOI文庫

派遣のリアル
門倉貴史
世界同時不況を背景に、厳しさを増す派遣労働者の雇用環境の実態とは――。豊富なデータで派遣を巡る構造的問題から将来像までを一望する。文庫書き下ろしの新章を収録。

ヒューマン・ドキュメント 倒産!
別冊宝島編集部 編
倒産は他人事ではない。企業社会においてはいつ自分の身に降りかかるかわからない、ごくありふれた現象である。「倒産」の当事者の実態を追った生々しいドキュメント。

読むだけですっきりわかる国語読解力
後藤武士
カリスマ塾講師・後藤武士の授業をそのままに、秘伝の国語読解法を大公開。基礎から評論、小説まで楽しみながら学べて、難関中学の受験勉強にも使える、魔法の一冊!

お仕事はセックス
別冊宝島編集部 編
取材、執筆、編集、すべて女性だけで作られた「伝説の風俗ルポ」が、装いも新たに帰ってきた! 風俗が身近なバイトになりつつある今、女性にもオススメの一冊。

シルミド「実尾島事件」の真実
城内康伸
1971年、朝鮮半島の西側、黄海上にある孤島シルミドで訓練を受けていた韓国空軍の秘密部隊が、突然教官や警備兵を殺しソウルへと攻めあがった……。韓国史上の大事件を追う。

宝島SUGOI文庫

新装版 写真と図解 実践！
今すぐできる 古武術で蘇るカラダ
甲野善紀 監修

古武術は身体の〝常識〟的な使い方を覆す、すべてのスポーツの上達に有効なトレーニングです。武術家・甲野善紀の技の数々を解説し、武術的身体操法に隠された秘密を解明します。

〈風俗〉体験ルポ やってみたら、こうだった
本橋信宏

怪しい風俗に潜入！「スチュワーデス専門デリヘル」には本物が!? 伝言ダイヤルの主婦は子連れでホテルに……。ジャーナリズム魂を下半身に漲らせ、体当たりで挑んだ渾身ルポ！

新訂版 実録！ 刑務所暮らし
別冊宝島編集部 編

「いまだから語れる角川春樹事件の真相」など有名人の刑務所体験から、「フツーの銀行員が見た東京拘置所」まで。本書を読めば、あなたもりっぱな刑務所通だ！

いまだ下山せず！
泉康子

厳冬の北アルプスを目指した三人の男たちが行方不明に。猛吹雪の中、彼らはどこへ消えたのか？ ミステリアスな「事実」を積み上げて真実を追う、感動のドキュメント。

どんどん目が良くなる マジカル・アイ
MINI PURPLE
元 長崎綜合療術院院長 徳永貴久 監修

現代人の目はパソコン、携帯電話の多用で疲れています。本書で目のトレーニングをしましょう。浮き出る絵を見るだけで、疲労・視力回復に効果的！ 便利な文庫版です。

宝島SUGOI文庫

プロ野球スーパースター「引退劇の真実」
別冊宝島編集部 編

「引退」の二文字がちらついたその時、男たちはなにを思ったか――。野球に人生を捧げた男たちの引退劇の舞台裏をクローズアップ。その真実が今、語られます。

新装版 プロレススキャンダル事件史
―いま明かされる真相―
別冊宝島編集部 編

IWGPでの猪木の失神事件、不可解な無効試合となった前田vsアンドレ戦……これらの事件の真相は何だったのか？ プロレス絶頂期のスキャンダル事件を今、振り返る。

新装版 体のゆがみを治す！
筋肉・筋膜ほぐし
村上一男 監修

体は、筋肉、骨、臓器と、全て繋がっています。筋肉や筋膜がガチガチだと、骨格や内臓にも不都合が生じてくるのです。健康体になるための〝ほぐし〟の手技と動作を教えます。

新装版 警察官の「世間」
久保博司

警察官はどのような活動をしているのか？ 不祥事はどういうかたちで起きるのか？ 将来の警察の姿はどうなるのか⁉ 現場警察官の本音、腐敗した警察の実態がここに明らかに！

新装版 同和利権の真相 マスコミの大罪編
一ノ宮美成＋グループ・K21 編著

同和問題において、マスコミに罪はなかっただろうか？ 同和団体の不正を見逃し、ひたすら〝良心の人〟を演じてきたTV・新聞・文化人……。その無責任ぶりを暴く！